O EVANGELHO DA MEDIUNIDADE

ELISEU RIGONATTI

O EVANGELHO DA MEDIUNIDADE

O texto de *Atos dos Apóstolos* comentado à luz dos últimos ensinamentos do Espiritismo.

Versículos comentados um a um

Editora
Pensamento
SÃO PAULO

Copyright © 1982 Editora Pensamento-Cultrix Ltda.

1ª edição 1982.

12ª reimpressão 2013.

Todos os direitos reservados. Nenhuma parte deste livro pode ser reproduzida ou usada de qualquer forma ou por qualquer meio, eletrônico ou mecânico, inclusive fotocópias, gravações ou sistema de armazenamento em banco de dados, sem permissão por escrito, exceto nos casos de trechos curtos citados em resenhas críticas ou artigos de revistas.

Direitos reservados
EDITORA PENSAMENTO-CULTRIX LTDA.
Rua Dr. Mário Vicente, 368 – 04270-000 – São Paulo, SP
Fone: (11) 2066-9000 – Fax: (11) 2066-9008
E-mail: atendimento@editorapensamento.com.br
http://www.editorapensamento.com.br
Foi feito o depósito legal.

IMPRESSÃO E ACABAMENTO
COMETA GRÁFICA EDITORA
TEL/FAX - 11 2062.8999
www.cometagrafica.com.br

ÍNDICE

Página

Prefácio 9

Capítulo I

Introdução. A Ascensão 11
Matias é escolhido Apóstolo em lugar de Judas 16

Capítulo II

A descida do Espírito Santo 19
O discurso de Pedro no dia de Pentecoste 21
As primeiras conversões 26

Capítulo III

Cura dum coxo; discurso de Pedro no Templo 28

Capítulo IV

Pedro e João perante o sinédrio 33
A comunidade dos bens entre os primeiros cristãos 39

Capítulo V

Ananias e Safira 40
Os Apóstolos são milagrosamente tirados da prisão e dão testemunho perante o sinédrio. O conselho de Gamaliel 43

Capítulo VI

A instituição dos diáconos 47
Estevão, o primeiro martir 49

Capítulo VII 50

Capítulo VIII

O Evangelho em Samaria 56
Filipe e o eunuco 60

Página

Capítulo IX

A conversão de Saulo no caminho de Damasco 61
O perseguidor é perseguido 65
Cura de Eneas; ressurreição de Tabita 67

Capítulo X

O centurião Cornélio 69

Capítulo XI

Pedro justifica-se perante a igreja por haver batizado Cornelio 77
O Evangelho é pregado aos gentios em Antioquia 78

Capítulo XII

Herodes manda matar Tiago. Pedro é livre da prisão. A morte
de Herodes 82

Capítulo XIII

Barnabé e Saulo são enviados pela igreja de Antioquia e pregam
em Chipre. Elimas, o encantador 85
O discurso de Pedro na sinagoga de Antioquia de Pisídia; a
oposição dos judeus 88

Capítulo XIV

O Evangelho é pregado em Iconio, Listra e Derbe; sucesso e perseguição; a volta a Antioquia 94

Capítulo XV

A questão acerca do rito mosáico; a assembléia de Jerusalém
e sua decisão 97
Separação de Paulo e Barnabé 104
Paulo empreende uma segunda viagem missionária na companhia de Silas e Timóteo 104

Capítulo XVI

A visão em Troade. Paulo passa à Macedônia e prega em Filipos. Lídia, a pitoniza. O carcereiro de Filipos 106

Capítulo XVII

Paulo em Tessalônica e em Berea 112
Paulo em Atenas; seu discurso ao areópago 115

Página

Capitulo XVIII

Paulo em Corinto; em Éfeso; volta para Jerusalém 118

Apolo em Éfeso e Corinto 121

Capítulo XIX

Terceira viagem missionária de Paulo. Prega o Evangelho em Éfeso. Tumulto excitado por Demétrio 122

Capítulo XX

Paulo visita outra vez a Mecedônia e a Grécia e depois volta para a Ásia 130

Discurso de Paulo aos anciões da igreja de Éfeso 133

Capítulo XXI

Paulo chega em Jerusalém e é preso no Templo 137

Capitulo XXII

Discurso de Paulo em sua defesa 146

Paulo perante o sinédrio 149

Capítulo XXIII

(As irmãs Fox) 151

Conspiração dos judeus contra Paulo; este é mandado para Cesareia 154

Capítulo XXIV

Paulo perante o tribunal do governador Felix 157

Capítulo XXV

Paulo comparece perante Festo e apela para Cesar 162

Paulo perante o rei Agripa 165

Capítulo XXVI ....:........ 166

Capítulo XXVII

Paulo é mandado para a Itália; naufrágio do navio 169

Capítulo XXVIII

Paulo em Malta 175

Paulo chega em Roma e fica prisioneiro em sua própria casa durante dois anos 177

PREFÁCIO

O estudioso do Cristianismo, à medida que remonta a suas origens, espanta-se e emociona-se: espanta-se de sua humílima semente; emociona-se ante o vulto dos que a plantaram com seu suor, regaram-na com suas lágrimas e adubaram-na com seu sangue.

No princípio era um homem moço, beirava os trinta anos; tinha os olhos lúcidos, profundos, sonhadores. Deu uma volta pelo povoado, e dali a pouco já não estava só: acompanhava-se duma duzia de homens, os quais se puseram a segui-lo sem mesmo saberem porque. Nada possuíam, viviam do trabalho do dia-a-dia; nem todos sabiam ler; alguns casados, solteiros outros. E ele lhes falou dum império que desejava fundar na Terra: o Império do Amor. E expondo-lhes seu plano, passaram-se três anos, findos os quais foi crucificado, e por isso um deles matou-se; ficaram onze. Pouco depois escolheram um novo companheiro, e voltaram a ser doze. Um dia, do pó da estrada de Damasco, ergueu-se um homem, juntou-se a eles e tornaram a ser treze. E começaram a desenvolver o plano que lhes traçara o moço de olhos lúcidos, profundos, sonhadores.

Naquele tempo o mundo conhecido se chamava Império Romano. A espada romana reduzira os povos à escravidão. Os deuses eram de pedra, e os sacerdotes, duros, tiranos, sanguinários. A Terra não conhecia o Amor. E os treze enfrentaram aquele ambiente hostil: o Império Romano, os deuses de pedra, os sacerdotes sanguinários. E os treze assentaram os alicerces do Império do Amor que, lenta mas seguramente, arregimentará sob sua bandeira todas as nações da Terra. E o Império Romano, e os deuses de pedra, e os sacerdotes sanguinários, desfizeram-se em poeira e ruínas.

Que arma tão poderosa terá sido esta da qual os treze lutadores usaram, e com ela fizeram baquear o colosso romano? Nem o gládio, nem a lança: foi a RENÚNCIA. A renúncia que lhes adoçava o ferro de seus grilhões, que lhes enxugava as lágrimas em suas prisões, que os sustinha no meio das provas rudes. E de renúncia em renúncia implantaram na Terra a religião do Amor: o Evangelho. É a história dessa renúncia que vocês lerão neste livro.

Antes desses treze, houve quem se serviu também dessa potente arma: Moisés. Adotado ao nascer pela família real egípcia, renunciou ao fausto da corte faraônica para libertar seu povo escravizado, dar-nos os Dez Mandamentos, e fundar uma nação.

Depois desses treze, e bem próximo de nós, aparece Allan Kardec, que, empunhando de novo a renúncia, nos dá o Espiritismo.

Renúncia, Renúncia, sempre a Renúncia!

Allan Kardec renunciou até quase ao próprio nome, a postos oficiais no magistério francês, ao sossego familiar, ao trato da saúde, às vantagens financeiras, e com sua renúncia a tudo isso, codificou a Doutrina Espírita.

Será com a renúncia que os espíritas de hoje prepararão o Terceiro Milênio, o mundo de amanhã, a Terra regenerada e feliz. E para isso é preciso que todos os trabalhadores do Espiritismo, desde os mais insignificantes aos mais graduados: os médiuns, os doutrinadores, os componentes das diretorias dos Centros e das sociedades espíritas, os jornalistas, os escritores, os oradores, os expositores, enfim todos os espíritas, saibam RENUNCIAR para o completo triunfo da Terceira Revelação.

O AUTOR

CAPÍTULO I

Introdução. A Ascensão

1 — No meu primeiro discurso falei na verdade, ó Teófilo, de todas as coisas que Jesus começou a fazer e a ensinar.

O livro "Atos dos Apóstolos" é o primeiro capítulo da longa história do Cristianismo. Tem sido chamado, algumas vezes, de "O Evangelho do Espírito Santo". Nós o chamaremos de "O Evangelho da Mediunidade". Nele vemos a mediunidade em ação, a mediunidade dos Apóstolos, de Paulo, e de seus colaboradores, pela qual se organiza o Cristianismo, logo após o Pentecoste, sob a legião fulgurante dos Espíritos do Bem denominada Espírito Santo. Nele se descreve como um rebento do judaismo se tornou uma religião mundial e como o Evangelho, nascido numa insignificante vila do Oriente, alcançou Roma, a capital do Império Romano, o mundo de então. Constitui o segundo volume da obra de Lucas, continuação de seu Evangelho. Lucas dedicou-o também a Teófilo, do qual nada se sabe, apesar das pesquisas dos historiadores; talvez tenha sido amigo e protetor de Lucas, simpatizante ou adepto do Cristianismo nascente; contudo não há como identificá-lo. Lucas, o autor, é mencionado em tres cartas de Paulo, que o chama de "o médico amado"; não era judeu mas gentio, provavelmente um sírio de Antioquia; encontrou-se com Paulo em Trôade, em sua segunda viagem missionária, por volta do ano de 53 e tornou-se fiel companheiro até sua prisão em Roma, depois da qual o perdemos de vista.

O livro "Atos dos Apóstolos" não glorifica materialmente nenhum de seus personagens; mostra-nos como eles exemplificam a afirmação de Jesus "... **Quem quiser ser meu discípulo, negue-se a si mesmo e siga-me**". E negando-se a si mesmos, eles lançam os fundamentos inamovíveis do Evangelho que um dia — edifício sublime que se está construindo aos poucos — abrigará a humanidade inteira.

É de notar-se a alta semelhança que há entre o começo do Espiritismo com o do Cristianismo, do qual o Espiritismo é o ramo mais avançado: a descida do Espírito Santo veio com um estrondo (Atos 2-2); a chegada do Espiritismo, com as pancadas na modesta casa das irmãs Fox, em Hydesville, nos Estados Unidos. As pregações de Pedro, suas explicações e as dos outros Apóstolos e discípulos e as de Paulo, como que se reproduzem nos atuais Centros Espíritas, com a mesma simplicidade, com a mesma fé, com o mesmo entusiasmo; eram eles professores e pregadores; pregadores do Evangelho e professores de moral cristã, tais quais os espíritas militantes de hoje. E cotejando-se atentamente a narrativa de Lucas e a obra de Allan Kardec, podemos afirmar, alto e bom som, que o Espiritismo é a volta do Cristianismo em sua pureza do tempo de Paulo, do tempo dos Apóstolos.

2 — Até o dia em que, dando preceito pelo Espírito Santo aos apóstolos que elegeu, foi assunto acima;

Espírito Santo é o nome pelo qual se designa a legião dos Espíritos santificados na Luz e no Amor, que cooperam com o Cristo desde os primeiros tempos da humanidade. Esta legião, chefiada por Jesus, luta pela implantação total do Reino de Deus na face da Terra; e os preceitos que ela dá, são as inspirações para o bem, que todos nós recebemos continuamente. É uma legião que aumenta incessantemente, porque à medida que nós nos moralizamos passamos a fazer parte dela, como cooperadores do Cristo.

Jesus, que se fazia visível, parte para sua esfera espiritual e tiveram a impressão de que ele subia aos céus.

3 — Aos quais também se manifestou a si mesmo vivo com muitas provas depois de sua paixão, aparecendo-lhes por quarenta dias e falando-lhes do Reino de Deus.

4 — E comendo com eles, lhes ordenando que não saíssem de Jerusalém mas que esperassem a promessa do Pai, que ouvistes, (disse ele) da minha boca.

Depois do seu desencarne no alto da cruz, Jesus precisava consolidar a fé nos corações de seus discípulos, para que eles não fraquejassem ante as lutas de disseminação do Evangelho. E para isso nada melhor do que se mostrar radiante de vida àqueles mesmos que o tinham visto morrer; com a certeza da imortalidade gravada no íntimo de seus corações, nada temeriam. E de fato, nada temeram; e arrojadamente, vivendo mil martírios, difundiram pelo mundo o Evangelho, que está construindo na Terra o Reino de Deus, do qual lhes falava Jesus.

A aparição de Jesus a seus discípulos depois de sua crucificação é um fenômeno que o Espiritismo explica muito bem, pela mediunidade de efeitos físicos. Nas sessões espíritas de materializações, tornam-se visíveis Espíritos que agem como se estivessem encarnados. Os Espíritos não necessitam dos alimentos grosseiros da Terra; mas para que não pairasse a menor sombra de dúvidas entre os discípulos, até esse ato elementar da vida humana, Jesus perfez diante deles. Quanto à questão do corpo de Jesus, tão debatida, já a explicamos devidamente em nosso livro anterior, "O Evangelho dos Humildes".

A promessa que o Pai fez por meio de Jesus é a vinda do Consolador: **"E eu rogarei ao Pai e ele vos dará outro Consolador, para que fique eternamente convosco"**. **"Mas o Consolador que é o Espírito Santo, a quem o Pai enviará em meu nome, ele vos ensinará todas as coisas e vos fará lembrar de tudo o que vos tenho dito"**. **"Quando porém vier o Consolador, aquele Espírito de Verdade que procede do Pai, ele dará testemunho de mim"**.

Realmente, antes de Jesus partir, deixou inaugurada a era da comunicação consciente entre os vivos e os mortos, isto é, entre os encarnados e os desencarnados. Para isso ele recomenda a seus discípulos que não saiam de Jerusalém, sem ter recebido as últimas instruções do Alto, ou seja, o Consolador, conforme a promessa do Pai.

O Consolador consistiria no intercâmbio entre os dois planos, que Jesus iniciava: o plano denso da matéria em que estamos encarnados e o plano espiritual onde habitam os Espíritos desencarnados, para onde também iremos após nosso desencarne. E a legião do Espírito Santo, por meio dos médiuns, relembraria constantemente aos homens os ensinamentos de Jesus, concitando-os a transformar a Terra num mundo de Paz e de Felicidade. Com esse contínuo intercâmbio, os homens aprenderiam todas as coisas e baniriam da face da Terra o medo da morte e caminhariam a passos largos rumo à Espiritualidade Superior. Todavia, ao perder o Cristianismo a simplicidade dos primeiros tempos, as vozes do Consolador foram, abafadas durante séculos e ressurgem agora, em nossos dias, com o advento do Espiritismo, que mais não é do que a promessa do Pai, o Consolador, que reata o intercâmbio consciente com o plano espiritual e dá testemunho de Jesus.

5 — Porque João na verdade batizou em água mas vós sereis batizados no Espírito Santo, não muito depois destes dias.

João, postado nas margens do rio Jordão, na Palestina, batizava em água; pregando as alvoradas do Reino dos Céus, dirigia enérgico convite a todos, que se preparassem para o luminoso dia da redenção. Seduzidos por suas palavras vibrantes de fé, muitos dos ouvintes se arrependiam da vida delituosa que levavam e confessavam as faltas, afirmando-lhe que não tornariam a cometê-las. E João batizava-os, isto é, lavava-os, dando a entender que o arrependimento sincero, seguido do firme propósito de não mais reincidir no erro, limpa o Espírito, como a água limpa o corpo.

O batismo do Espírito Santo é o ato de se receber a mediunidade; quem a recebe se coloca à disposição dos Espíritos do Senhor nos trabalhos de evangelização, que se desenvolvem no plano terrestre; é um batismo de renúncia, devotamento, abnegação e humildade. Todos são chamados ao sagrado batismo do Espírito Santo, porque não há ninguém que não possa trabalhar para o advento do Reino dos Céus (Vide "O Evangelho dos Humildes).

Jesus avisa seus discípulos que seriam batizados no Espírito Santo, ou seja, receberiam a mediunidade e então estariam prontos para o trabalho.

6 — Portanto, os que se haviam congregado lhe perguntavam dizendo: Senhor, dar-se-á caso que restituas neste tempo o reino a Israel?

Israel estava sob o jugo romano. Há muito que os israelitas tinham perdido a liberdade. Até mesmo a memória do reino de Israel já se diluía num passado distante. Mas os judeus não abandonavam a esperança de reconstruir o reino com o esplendor que lhe dera Salomão; e, mais ainda, pensavam que, refeito o reino, dominariam a Terra inteira. Esta esperança se baseava na vinda do Messias, que lhes seria enviado segundo as profecias dos antigos profetas de Israel.

E como vissem (os que estavam com Jesus) que ele triunfara da morte, possivelmente lhes restituiria o reino terreno, com o qual sonhavam; daí a pergunta.

7 — E ele lhes disse: Não é da vossa conta saber os tempos nem momentos que o Pai reservou ao seu poder;

Os desígnios do Pai são imperscrutáveis. Quem poderá sondar os pensamentos do Altíssimo? A nós, seus filhos, cumpre acatar-lhe a vontade e obedecer-lhe. Só ele sabe o que convém ao Universo e a cada um de nós.

8 — Mas recebereis a virtude do Espírito Santo, que descerá sobre vós e me sereis testemunhas em Jerusalém e em toda a Judéia e Samaria e até às extremidades da Terra.

A virtude do Espírito Santo é a mediunidade da qual os discípulos seriam dotados: e usando-a como um instrumento de trabalho, levariam a Luz aos quatro cantos da Terra.

O Espiritismo, como o Consolador prometido que é, usa da mediunidade como sua principal ferramenta de trabalho, trazendo do mundo espiritual para o mundo terreno as luzes da Espiritualidade Superior; e dá testemunho de Jesus, pregando-lhe o Evangelho.

9 — E tendo dito isto, vendo-o eles, se foi elevando; e o recebeu uma nuvem que o ocultou de seus olhos.

Quando Jesus percebeu que seus discípulos estavam possuídos da fé sincera e ativa, partiu para sua esfera de onde continua o seu labor em prol de nosso crescimento espiritual.

10 — E como estivessem olhando para o céu quando ele ia subindo, eis que se puseram ao lado deles dois varões com vestiduras brancas.

11 — Os quais também lhes disseram: Varões galileus, que estais olhando para o céu? Este Jesus, que separando-se de vós foi assunto ao céu, assim virá do mesmo modo que o haveis visto ir ao céu.

Estes dois varões com vestes brancas são dois Espíritos de elevada categoria espiritual, que se tornaram visíveis junto deles para nos trazer mais uma promessa de Jesus: a de que mais tarde o veríamos voltar a nós. Podemos entender esta promessa de dois modos:

1.º — Jesus vem até nós por meio da reviviscência de seus ensinamentos, operada pelos Espíritos das esferas superiores que nos encaminham ao aprendizado do Evangelho.

2.º — Tão logo a humanidade esteja totalmente evangelizada e conhecedora das leis divinas que regem nosso planeta, haverá clima propício para que Jesus nos visite periodicamente, tornando-se visível a nós, como o esteve durante esses quarenta dias a seus discípulos.

O Espíritismo trabalha ativamente para que a volta de Jesus se dê pelos dois modos; pelo primeiro, mediante a pregação incessante de seu Evangelho; pelo segundo, dando a conhecer aos homens as leis espirituais que ligam os dois planos: o espiritual e o material.

12 — Então voltaram para Jerusalém, desde o monte que se chama do Olival, que está perto de Jerusalém, na distância da jornada de um sábado.

13 — E tendo entrado em certa casa, subiram ao quarto de cima, onde permaneciam Pedro e João, Tiago e André, Filipe e Tomé, Bartolomeu e Mateus Tiago filho de Alfeu, Simão o Zeloso e Judas irmão de Tiago.

14 — Todos estes perseveravam unanimemente em oração com as mulheres e com Maria, mãe de Jesus, e com os irmãos dele.

Para Jesus se despedir daqueles que durante três anos foram seus companheiros constantes, reuniu-os em local tranquilo, fora de Jerusalém. E cumprindo suas ordens, depois da despedida os discípulos voltaram à cidade.

Os discípulos, hospedados em casa amiga, preparam-se para o trabalho que os espera, recorrendo à prece para se fortalecerem. É um exemplo para quem se inicia na sagrada tarefa da mediunidade: ter seus momentos diários de oração para que não fraqueje ante o trabalho que o aguarda na seara do Senhor. Junto com os discípulos estavam aqueles que mais de perto tinham convivido com Jesus: sua mãe, seus familiares e as mulheres que habitualmente o seguiam.

Matias é escolhido apóstolo em lugar de Judas

15 — Naqueles dias, levantando-se Pedro no meio dos irmãos (e montava a multidão dos que ali se achavam juntos a quase cento e vinte pessoas) disse:

Vemos aqui que o trabalho evangélico se desenvolvia promissoramente; cerca de cento e vinte pessoas compareciam às pregações dos discípulos, que já se tinham instalado em Jerusalém, deixando envoltos em recordações felizes os dias transcorridos com Jesus, nas

16

margens do lago da Galiléia. É mais um grande exemplo que eles nos legam: ao chegar a nossa hora de trabalhar na seara do Senhor, precisamos ser fiéis a Deus e servi-lo, abraçando com boa vontade a tarefa, qualquer que ela seja e onde ela se apresentar.

Jerusalém, que passa a ser o cenário dos trabalhos dos Apóstolos, é citada pela primeira vez na Bíblia em Josué 10,1-27; era uma cidade dos jebusitas, quando Davi a conquistou por volta do ano 1.000 A.C., fazendo dela a capital do seu reino. O maior engrandecimento da cidade se deve ao rei Salomão (1.015 a 975 A.C.) que a cercou de muralhas e a dotou do famoso templo e de suntuosos palácios, ocupando a colina do Moria e a colina Oriental; esse perímetro, um pouco dilatado por Ezequias (678 a 710 A.C.), Menassés (712 a 698 A.C.), permaneceu quase invariável até o tempo dos Macabeus (175 a 135 A.C.). Foi Herodes, o Grande (37 A.C. e 4 D.C.) quem alargou a cidade, dando-lhe os vastos contornos que tinha no tempo de Jesus. Desde então Jerusalém foi tomada e saqueada dezenas de vezes e passou por transformações que lhe modificaram totalmente o aspecto. A cidade antiga desapareceu. Raro se encontram alguns vestígios contemporâneos de Jesus. Tomada pelas tropas de Tito, em agosto do ano 70, Jerusalém foi tão profundamente destruída que o historiador Flávio Josefo escreveu que "... os visitantes mal poderiam acreditar que ela algum dia tivesse sido habitada..." Apenas se conservaram três torres do palácio real. Reedificada no ano 135 pelo imperador Adriano, recebeu o nome de Elia Capitolina, em homenagem ao seu reedificador, Elio Adriano, e ao deus Júpiter Capitolino, ao qual foi consagrada. Conheceu então novo esplendor, que atingiu o apogeu com o imperador Constantino. No ano 614, os persas a destroem completamente; em 629, Heráclito conquista-lhe as ruínas; em 638, Jerusalém rende-se ao califa Omar, depois de um cerco de quatro meses; em 1.516, passa para o domínio dos turcos até à primeira grande guerra, quando em 1.917, cai em poder do exército inglês. Com Roma, formou o eixo propulsor do Cristianismo.

16 — Varões irmãos, é necessário que se cumpra a escritura que o Espírito Santo predisse por boca de Davi, acerca de Judas, que foi o condutor daqueles que prenderam Jesus;

Pedro era o ponto de apoio de todos; em torno de sua figura venerável, reuniram-se os discípulos e os que participavam da lida deles; dirigindo-se aos presentes, lembra-lhes o que os profetas de Israel anunciaram no tocante aos acontecimentos que culminaram com a crucificação de Jesus e o papel que Judas Iscariotes desempenhara neles.

17 — O qual estava entre nós alistado no mesmo número e a quem coube a sorte dêste ministério.

Judas Iscariotes era um dos doze discípulos, que participaria com eles do ministério da difusão do Evangelho.

18 — E este possuiu de fato um campo do preço da iniqüidade; e depois de se pendurar rebentou pelo meio e todas suas entranhas se derramaram.

19 — E tão notório se fez a todos os habitantes de Jerusalém este sucesso, que se ficou chamando aquele campo, na língua deles, de Haceldama, isto é, campo de sangue.

Judas se arrependeu de seu ato de entregar o Mestre aos sacerdotes; devolveu-lhes o dinheiro que recebera pela traição. Os sacerdotes tiveram aquele dinheiro por maldito e com ele compraram um campo que servisse de cemitério aos forasteiros, ou seja, aos que não pertenciam à nação judáica. É a hipocrisia com que age o clero organizado: o dinheiro devolvido por Judas era impuro, mas não era uma impureza a condenação dum inocente. Tomado de remorsos, e compreendendo que não mais podia salvar o Mestre, Judas se suicida, perdendo assim uma excelente oportunidade de corrigir o seu erro, com o entregar-se desassombradamente ao serviço do Evangelho. Hoje já não devemos pensar em Judas como um traidor e sim como um Espírito luminoso, cooperador direto de Jesus; porque depois de seu desencarne violento em Jerusalém, Judas se reencarnou inúmeras vezes, lutando em cada reencarnação pelo triunfo do Evangelho, até obter o perdão de sua própria consciência.

20 — Porque escrito está no livro dos salmos: "Fique deserta a habitação deles e não haja quem habite nela e receba outro o seu bispado".

Para justificar o que ia propor, Pedro cita as passagens do salmo 68, versículo 26 e do salmo 108, versículo 8, de Davi, o rei profeta.

21 — Convém pois que destes varões, que tem estado juntos na nossa companhia todo o tempo em que entrou e saiu entre nós o Senhor Jesus;

22 — Começando desde o batismo de João até o dia em que foi assunto acima dentre nós, que um dos tais seja testemunha conosco de sua ressurreição.

Além dos doze escolhidos por Jesus, outros homens o acompanharam durante os três anos que dedicou à pregação do Evangelho; tesmunharam-lhe os ensinamentos. É dentre eles que Pedro pede que indiquem um para substituir Judas Iscariotes.

23 — E propuseram dois: a José, que era chamado Barsabás, o qual tinha por sobrenome o Justo e a Matias.

24 — E orando disseram: Tu, Senhor, que conheces os corações de todos, mostra-nos destes dois um a que tiveres escolhido.

Depois de ter trocado idéias, separaram dois. E como achassem difícil eleger um dentre os dois, oram ao Altíssimo que os guie na eleição, pois só o Pai sabe o que há no coração de seus filhos.

25 — Para que tome o lugar deste ministério e apostolado, do qual pela sua prevaricação caiu Judas para ir a seu lugar.

26 — E a seu respeito lançaram sortes e caiu a sorte sobre Matias e foi contado com os onze apóstolos.

O cargo a ser preenchido era importantíssimo, pois se tratava, nada mais e nada menos, de tomar o lugar dum discípulo escolhido pelo próprio Jesus; daí a responsabilidade que os onze sentiam pesar em seus ombros. E para que a vontade de nenhum deles se manifestasse ainda que ligeiramente a favor de um ou de outro, submeteram os dois nomes a um sorteio, do qual resultou a nomeação de Matias.

CAPÍTULO II

A descida do Espírito Santo

1 — E quando se completavam os dias de Pentecoste, estavam todos juntos num mesmo lugar.

Pentecoste é uma palavra grega que significa quinquagésimo dia. Os judeus, depois que partiram do Egito, gastaram quarenta e nove dias até o Monte Sinai; e no quinquagésimo dia, Moisés recebeu o Decálogo; em memória disto, institui-se a festa de Pentecoste, que no Cristianismo tomou um novo sentido: comemora a descida do Espírito Santo, ou seja, a recepção da mediunidade pelos Apóstolos no quinquagésimo dia após a ressurreição de Jesus, e também o início das lutas pela divulgação do Evangelho, as quais se prolongam até hoje e ainda estão longe de terminar.

2 — E de repente veio do céu um estrondo, como o vento que assoprava com ímpeto e encheu toda a casa onde estavam assentados.

É um fenômeno provocado pela mediunidade de efeitos físicos, já muito reproduzido nas sessões espíritas de estudo. Para que não pairasse a menor sombra de dúvida no ânimo dos discípulos, os Espíritos do Senhor lançam mão de todos os recursos para fortificá-los.

3 — E lhes apareceram repartidas umas como línguas de fogo, que repousaram sobre cada um deles.

As línguas de fogo que eles viram repousar sobre cada um deles, eram Espíritos brilhantes, que não se mostraram visíveis de todo, mas apenas o suficiente para serem percebidos; e como brilhasse a parte que os discípulos puderam ver, interpretaram-na como língua de fogo. É um fenômeno que também pertence à mediunidade de efeitos físicos, freqüentemente observado nas sessões espíritas atuais.

4 — E foram todos cheios do Espírito Santo e começaram a falar em diversas línguas, conforme o Espírito Santo lhes concedia que falassem.

É a mediunidade de incorporação. Os Espíritos serviram-se dos corpos dos discípulos, os quais eram médiuns, e deram suas comunicações, tal qual se passa hoje, nas sessões espíritas. Cheios do Espírito Santo significa que, com sua mediunidade, os Apóstolos se tornaram instrumentos dos Espíritos do Bem, os quais daí por diante os secundariam na sementeira do Evangelho. Nas sessões espíritas, sérias, de estudo, é freqüente os médiuns transmitirem mensagens em várias línguas, embora só conheçam a de seu país. É fenômeno comum.

5 — E acharam-se habitando em Jerusalém judeus, varões, religiosos de todas as nações que há debaixo do céu.

6 — E tanto que correu esta voz, acudiu muita gente e ficou pasmada porque os ouvia a eles falar cada um na sua própria língua.

7 — Estavam pois todos atônitos e se admiravam dizendo: Porventura não se está vendo que todos estes que falam são galileus?

8 — E como assim os temos ouvido nós falar cada um na nossa língua em que nascemos?

9 — Partos e médos elamitas e os que habitam na Mesopotâmia, a Judéia e a Capadócia, o Ponto e a Ásia.

10 — A Frígia e a Panfília, o Egito e várias partes da Líbia, que é comarca a Cirene, e os que são vindos de Roma.

11 — Também judeus e prosélitos, cretenses e arábios, todos os temos ouvido falar nas nossas línguas as maravilhas de Deus.

Naqueles dias, Jerusalém transbordava de peregrinos judeus vindos de todas as partes do mundo para assistir às festividades do Pentecoste. Além disso, Jerusalém era uma cidade cosmopolita, abrigando gente de todas as nações então conhecidas. E como os Espíritos, tendo tomado os discípulos, falassem em voz alta, os transeuntes acorreram a ver o que era; e alguns de outras terras se admiraram de ouvir aqueles homens da Galiléia falar corretamente suas línguas. A mesma admiração se nota ainda hoje, quando o médium transmite comunicações em língua estranha para ele.

Pregando o Evangelho em todas as línguas, os Espíritos nos demonstram que se cumprirá a profecia de Jesus de que sua palavra será ouvida por todas as nações da Terra.

12 — Estavam pois todos atônitos e se maravilhavam, dizendo uns para os outros: Que quer isto dizer?

13 — Outros porém, escarnecendo, diziam: E porque estes estãos cheios de mosto.

Estamos aqui diante de duas classes de pessoas: uma que, ao se defrontar com o fenômeno, pergunta o que é e põe-se seriamente a estudá-lo para compreendê-lo e descobrir-lhe as causas. Outra que se não dá nem mesmo ao trabalho de perguntar o que é; ante o fenômeno, tece considerações infantis, desairosas, e passa. Estas duas classes de pessoas acompanham o desenvolvimento dos trabalhos evangélicos até os nossos dias e vemo-las com a mesma atitude perante o Espiritismo: há os que o estudam para compreendê-lo e há os que, sem nunca tê-lo estudado ou mesmo lido algo sério a respeito, escarnecem dele.

O discurso de Pedro no dia de Pentecoste

14 — Porém Pedro em companhia dos onze, posto em pé, levantou a sua voz e lhes falou assim: Varões de Judéia e todos os que habitais em Jerusalém, seja-vos isto notório e eom ouvidos atentos percebei as minhas palavras.

A figura de Pedro se ergue venerável dentre os onze e este seu discurso é a primeira preleção evangélica que se faz depois da partida de Jesus; com ele, cheio de majestade e de belezas espirituais, Pedro inaugura os serviços de evangelização da humanidade.

15 — Porque estes não estão tomados de vinho, como vós cuidais, sendo a hora terceira do dia.

Pedro lhes diz que aqueles não podiam estar bêbados como julgavam, pois era muito cedo ainda, a hora terceira, isto é, nove horas da manhã.

16 — Mas isto é o que foi dito pelo profeta Joel:

Joel é um dos chamados profetas menores; de sua vida nada se sabe; seu livro se compõe somente de três capítulos e é notável pela sua profecia sobre a mediunidade, que desabrocharia por toda a parte: "Depois disto acontecerá também o que vou dizer: Eu derramarei o meu espírito sobre toda a carne; e os vossos filhos e as vossas filhas profetizarão, os vossos velhos serão instruidos por sonhos e os vossos mancebos terão visões". (Joel 2-28)

17 — E acontecerá nos últimos dias, diz o Senhor, que eu derramarei do meu Espírito sobre toda a carne e profetizarão vossos filhos e vossas filhas e os vossos mancebos verão visões e os vossos anciãos sonharão sonhos.

18 — E certamente naqueles dias derramarei do meu Espírito sobre os meus servos e sobre as minhas servas e profetizarão.

O Espírito do Senhor que se derrama por toda a carne é a mediunidade que se está espalhando cada dia mais, por todos os lares, por todas as classes sociais, por por todas as nações, cumprindo-se assim a profecia de Joel; e os servos e as servas do Senhor que profetizarão são os médiuns por meio dos quais os Espíritos relembrarão à humanidade as lições de Jesus. Pedro percebeu que se iniciava o cumprimento dessa profecia e, chamando a atenção dos homens para o novo ciclo espiritual que a Terra ia viver, põe-na como frontespício de sua primeira pregação.

"Os últimos dias" é o período que antecede à purificação da Terra e nós os estamos vivendo atualmente; ele se prolongará até o fim do terceiro milênio, quando a humanidade estará evangelizada e trilhando o caminho seguro da regeneração.

A Terra já foi um planeta primitivo; atestam-no os vestígios de populações animalescas, a guiarem-se unicamente pelo instinto. Eram

Espíritos recém-saidos do reino animal, a ensaiar os primeiros passos na forma humana. Evoluindo a Terra e oferecendo condições à vinda de Espíritos mais adiantados, para ela foram transferidos Espíritos intelectualmente mais evoluidos, porém atrasados moralmente, falidos de outros planos do Universo; os quais em meio rude, grosseiro e selvagem, onde dominava a força da matéria, tentariam curar-se das chagas morais, até que um dia, redimidos pelas provas e expiações terrenas, retornassem ao seio de seus entes queridos, que os aguardavam em esferas distantes e felizes; e enquanto na Terra trabalhassem por sua própria burilação, promoveriam o progresso de suas populações. E a Terra ascendeu ao segundo grau na escala do Universo: o de planeta de provas e de expiações. Os Altos Dirigentes Espirituais da Terra preparam-na agora a fim de que ela alcance o terceiro grau na escala dos mundos: o de regeneração. É de notar-se, que a Terra já não é mais uma estação de provas e de expiações, e também não é ainda um orbe de regeneração; entre um e outro grau, medeia um intervalo de tempo, ao qual denominaremos de "período de reajuste", no qual estamos agora; durante ele, conceder-se-á a máxima liberdade aos terrenos, para que cada um deles possa demonstrar o que realmente é; aqueles que revelarem disposições de respeitar as leis divinas e se enquadrar nelas, terão o direito de continuar sua evolução na Terra regenerada e feliz; e os que não demonstrarem nem a mais leve sombra dessas disposições, serão exilados para os globos primitivos, onde contribuirão para o progresso deles e se livrarão de suas mazelas morais. Vale notar também que o exílio para os Espíritos rebeldes às leis divinas está em franco desenvolvimento; e à medida que forem desencarnando processa-se sua baldeação para os mundos que os aguardam. Dado à grande quantidade de Espíritos que há nas colônias espirituais terrenas, e que na Terra deverão reencarnar-se para a oportunidade do reajuste, é fácil compreender-se que a purificação da Terra e sua conseqüente subida ao terceiro grau não se darão de um momento para outro, como um estouro ou um relâmpago; todavia, ao raiar do terceiro milênio tudo estará concluido.

19 — E farei ver prodígios em cima no céu e sinais embaixo na Terra, sangue e fogo e vapor de fumo.

20 — O Sol se converterá em trevas e a Lua em sangue, antes que venha o grande e ilustre dia do Senhor.

Joel profetiza os sofrimentos pelos quais a humanidade passará até sua final evangelização. Em sua visão profética, ele antevê as dores, que envolveriam a Terra, simbolizadas no sangue e no fogo, no vapor de fumo e nas trevas.

A evangelização da humanidade se processará através do sofrimento porque são raros os encarnados que aceitam o Evangelho de boa vontade; a imensa maioria aceita-o premida pela dor e pelas desilusões do mundo.

"O grande e ilustre dia do Senhor" é o dia pelo qual todos os corações nobres anseiam, o dia em que se dará por finda a evangelização da humanidade, passando a Terra para a categoria dos mundos regenerados.

21 — E isto acontecerá: todo aquele que invocar o nome do Senhor será salvo.

Invocar o nome do Senhor apenas com os lábios não adianta; é preciso senti-lo no coração, vivendo de conformidade com o Evangelho. Quem pautar sua vida segundo os ensinamentos do Evangelho será salvo pela conquista do direito de permanecer na Terra, regenerada e feliz.

22 — Varões israelitas, ouvi estas palavras: A Jesus Nazareno, varão aprovado por Deus entre vós, com virtudes e prodígios e sinais que Deus obrou por ele no meio de vós, como também vós o sabeis;

23 — A este, depois de vos ser entregue pelo decretado conselho e presciência de Deus, crucificando-o por mãos de iníquos, lhe tirastes a própria vida;

Pedro chama a atenção dos ouvintes para a vida, as obras e a morte de Jesus, tudo ainda bem vivo na memória de todos.

24 — Ao qual Deus ressuscitou, soltas as dores do inferno, porquanto era impossível que por este fosse retido.

Para eles, discípulos, Jesus não morrera, porquanto o tiveram junto deles pleno de vida durante muitos dias, depois de seu desencarne na cruz.

25 — Porque Davi diz dele: Eu via sempre ao Senhor diante de mim, porque ele está à minha direita, para que eu não seja comovido;

26 — Por amor disto se alegrou o meu coração e se regozijou a minha língua, além do que também a minha carne repousará em esperança;

27 — Porque não deixarás a minha alma no inferno, nem permitirás que o teu Santo experimente corrupção.

28 — Tu me fizeste conhecer os caminhos da vida e me encherás de alegria, mostrando-me a tua face.

Estes versículos são trechos do salmo 15 de Davi, o rei profeta, que Pedro lhes cita para mostrar-lhes que as Escrituras confirmam o que ele lhes dizia.

29 — Varões irmãos, seja-me permitido dizer-vos ousadamente do patriarca Davi, que ele morreu e foi sepultado e o seu sepulcro se vê entre nós até o dia de hoje.

O rei Davi era tido na mais alta conta pelos israelitas; contudo Pedro lhes demonstra que apesar de sua grandeza, ele também pagou seu tributo à morte.

30 — Sendo pois ele um profeta e sabendo que com juramento lhe havia Deus jurado que do fruto dos seus lombos se assentaria um sobre seu trono;

No salmo 131, Davi profetiza que, de sua descendência, um se assentaria no seu trono, o que devemos entender em seu trono espiritual, porquanto, em seu reinado de quase quarenta anos, ele manteve também os poderes espirituais; estes é que passariam para seu descendente, no caso, Jesus, ao qual chama de "meu Senhor", reconhecendo-lhe intuitivamente a superioridade espiritual.

31 — Prevendo isto, falou da ressurreição de Cristo que nem foi deixado no inferno, nem sua carne viu a corrupção.

32 — A este Jesus ressuscitou Deus, do que todos nós somos testemunhas.

Pedro lhes recorda a profecia de Davi por este versículo do salmo 15; e lhes afirma que ela se tinha cumprido, uma vez que todos eles viram Jesus ressuscitado e o tiveram em sua companhia durante vários dias, depois de sua morte na cruz. Era natural pois que os discípulos confirmassem o cumprimento desta profecia.

33 — Assim que, exaltado pela destra de Deus e havendo recebido do Pai a promessa do Espírito Santo, derramou sobre nós a esse, a quem vós vedes e ouvis.

O Espírito Santo, que eles estavam vendo e ouvindo e que foi derramado sobre eles, eram os Espíritos do Senhor incorporados nos médiuns pelos quais davam as comunicações que os pasmavam.

34 — Porque Davi não subiu ao céu mas ele mesmo diz: O Senhor disse ao meu Senhor: Assenta-te à minha direita.

35 — Até que eu ponha a teus inimigos por escabelo de teus pés.

Pedro lhes cita mais este versículo do salmo 109 em que Davi prediz a vitória do Messias.

36 — Saiba logo toda a casa de Israel, com a maior certeza, que Deus o fez não só Senhor mas também Cristo, a este Jesus, a quem vós crucificastes.

Uma vez que tudo se tinha passado de acordo com as predições dos profetas contidas nas Escrituras, que eram do conhecimento de todos, não havia do que duvidar: aquele Jesus que fora crucificado era o Cristo, o Messias prometido.

As primeiras conversões

37 — Depois que eles ouviram estas coisas ficaram compungidos no seu coração e disseram a Pedro e aos mais apóstolos: Que faremos nós, varões irmãos?

Compreenderam que Pedro estava com a verdade e humildemente lhes pedem que lhes indiquem o caminho que deveriam seguir dali por diante.

38 — Pedro então lhes respondeu: Fazei penitência e cada um de vós seja batizado em nome de Jesus Cristo para remissão de vossos pecados e recebereis o dom do Espírito Santo.

Fazer penitência é cada um arrepender-se de seus erros, tratar de corrigi-los e esforçar-se para jamais reincidir neles. Batizar-se em nome de Jesus é aceitar-lhe os ensinamentos e viver de conformidade com eles. Receber o dom do Espírito Santo é desenvolver a mediunidade e converter-se em instrumento do bem.

39 — Porque para vós é a promessa e para vossos filhos e para todos os que estão longe, quantos chamar a si o Senhor nosso Deus.

A promessa do Espírito Santo, ou seja, da recepção da mediunidade, é para todos sem distinção de classes sociais, de raças ou de religiões. E por isso vemos a mediunidade desabrochar no seio de todas as famílias, amorosamente chamadas pelo Altíssimo para as realidades da Espiritualidade Superior.

40 — Com outras muitíssimas razões testificou ainda isso e os exortava dizendo: Salvai-vos desta geração depravada.

Pedro os exorta a que se não entreguem tanto à materialidade da vida terrena, que deprava a alma. Salvar-nos da geração depravada é cuidar também de nosso Espírito, para que nos libertemos do vai-vem das reencarnações terrenas, sempre dolorosas.

41 — E os que receberam a sua palavra foram batizados e ficaram agregadas naquele dia perto de três mil pessoas.

O batismo dos apóstolos consistia na aposição das mãos na cabeça do converso; era um passe espiritual que se lhe transmitia em nome do Senhor.

42 — E eles perseveravam na doutrina dos apóstolos e na comunicação da fração do pão e nas orações.

Perseveravam na doutrina dos apóstolos porque estudavam o Evangelho e se esforçavam por viver de acordo com o que aprendiam. Quanto à comunicação da fração do pão, era um ato que praticavam em memória da última ceia de Jesus, quando ele partiu o pão e o deu a seus discípulos.

43 — E a toda pessoa se lhe infundia temor; eram; também obrados pelos apóstolos muitos prodígios e sinais em Jerusalém e em todos geralmente havia um grande medo.

Os muitos prodígios e sinais eram feitos pelos discípulos através da mediunidade e consistiam nos trabalhos comuns das sessões espíritas atuais. Hoje, como naqueles tempos, ainda há muita gente que tem medo dos fenômenos espirituais provocados pela mediunidade; todavia, tão logo estudem o Espiritismo e desenvolvam sua mediunidade, o medo desaparece e se tornam trabalhadores entusiastas.

44 — E todos os que criam estavam unidos e tudo o que cada um tinha era possuído em comum por todos.

Vindos da Galiléia, os discípulos se estabeleceram em Jerusalém, atentos ao dever de pregar e difundir o Evangelho; é provável que habitassem no mesmo bairro, perto uns dos outros e que se auxiliassem mutuamente. Nos trabalhos doutrinários reuniam-se, o que lhes dava um aspecto de viverem em comunidade.

45 — Vendiam suas fazendas e os seus bens e os distribuiam por todos, segundo a necessidade que cada um tinha.

É um exemplo de renúncia que nos legaram os primeiros cristãos: sempre que se nos deparar ocasião, renunciemos a um pouquinho do que temos, às nossas comodidades, a algumas horas de nosso conforto, em benefício daqueles que são ainda mais necessitados do que nós.

46 — E todos os dias perseveravam unanimemente no templo e partindo o pão pelas casas, tomavam a comida com regozijo e simplicidade de coração.

47 — Louvando a Deus e achando graça para com todo o povo. E o Senhor aumentava cada dia mais o número dos que se haviam de salvar, encaminhando-os à unidade da sua mesma corporação.

Inicialmente os discípulos ensinavam num dos pórticos do Templo, seguindo o exemplo de Jesus que, quando se achava em Jerusalém, abrigava-se sob as arcadas externas e dali falava aos ouvintes, agrupados em semi-círculo para ouvi-lo. Comumente convidavam os apóstolos a ir expor o Evangelho em casas particulares, onde também partiam o pão e davam-no a comer, depois de abençoá-lo. A cerimônia de fraccionar o pão foi abandonada aos poucos; contudo, ainda subsistem vestígios dela em seitas religiosas que se derivaram do primitivo Cristianismo. O número dos convertidos ao Evangelho aumentava diariamente, não só pela simplicidade com que os apóstolos o explicavam, como também porque o povo cansara-se das religiões dogmáticas oficiais, que lhe deslumbravam os sentidos mas não lhe tocavam o coração. E hoje o Espiritismo, revivendo o Cristianismo em sua prisca pureza, anuncia o Evangelho com a mesma singeleza, endereçando-o aos corações. E o número de seus adeptos cresce sem cessar.

CAPÍTULO III

Cura de um coxo; discurso de Pedro no Templo

1 — Pedro pois e João iam ao Templo à oração à hora de Noa.

2 — E era para ali trazido um certo homem que era coxo desde o ventre de sua mãe; ao qual punham todos os dias à por-

ta do Templo, chamada a Especiosa, para que pedisse esmola aos que entravam no Templo.

3 — Este, quando viu a Pedro e a João, que iam entrar no Templo, fazia sua rogativa para receber sua esmola.

A hora de Noa corresponde às quinze noras; o Templo, de vastas proporções, tinha inúmeras portas, cada qual com seu nome e nelas postavam os pedintes; este era um coxo de nascença e conhecidíssimo na cidade.

4 — E Pedro pondo nele os olhos juntamente com João, lhe disse: Olha para nós.

5 — E ele os olhava com atenção, esperando receber deles alguma coisa.

Pedro pede ao coxo que o fite com atenção para que se estabelecesse entre eles um liame fluídico de simpatia e de confiança, tão necessário para que se produza uma cura por meios espirituais.

6 — E Pedro disse: Não tenho prata nem ouro; mas o que tenho, isso te dou; em nome de Jesus Cristo Nazareno, levanta-te e anda.

Observemos a firmeza com que Pedro ordena ao coxo que se levante e caminhe; essa segurança provinha de sua fé viva e operante em Jesus, ao invocá-lo, com humildade, para que a cura se efetue.

O Espiritismo, demonstrando-nos a lei da causa e efeito, das relações entre Espírito e Matéria, desenvolve em nosso íntimo a fé racional, ativa e realizadora, como a dos Apóstolos.

7 — E tomando-o pela mão direita, o levantou e no mesmo ponto foram consolidadas as bases dos seus pés e as suas plantas.

A mediunidade curadora de Pedro é o meio do qual o Altíssimo se serve para a cura do coxo. Atualmente esse tipo de mediunidade é comum nos Centros Espíritas onde, pelo passe e pela água fluida, consegue-se grande alívio aos sofredores.

8 — E dando um salto se pôs em pé e andava; e entrou com eles no Templo, andando e saltando e louvando a Deus.

9 — E todo o povo o viu andando e louvando a Deus.

O coxo não foi ingrato; compreendeu que recebera uma graça de Deus e louvou-o e agradeceu-o em altas vozes diante de todos, tomado de júbilo e de gratidão.

10 — E conheciam que ele era o mesmo que se assentava à porta Especiosa do Templo, à esmola; e ficaram cheios de espanto e como fora de si, pelo que àquele lhe havia acontecido.

Como não podia deixar de ser, o fato chamou a atenção de todos que de longa data o viam a esmolar na cidade.

11 — E tendo aferrado de Pedro e de João, todo o povo correu para eles de tropel ao pórtico que se chama de Salomão, atônitos.

O pórtico de Salomão era o local onde habitualmente Jesus ficava a ensinar, quando vinha a Jerusalém. Os discípulos seguiram o mesmo costume e por isso o povo, sem hesitar, correu para lá, certo de encontrá-los.

12 — E vendo isto Pedro disse ao povo: Varões israelitas, porque vos admirais disto, ou porque pondes os olhos em nós, como se por nossa virtude ou poder tivessemos feito andar a este?

Vejam a humildade de Pedro e de João. Eles não se dão como os autores da cura para a qual, Pedro esclarece, eles não tinham nem virtude nem poder. É um exemplo para os médiuns atuais: jamais se gabem do que o Altíssimo perfaz por meio deles; pois, por acréscimo de misericórdia do Pai, funcionam como simples instrumentos mas a virtude e o poder pertencem a Deus.

13 — O Deus de Abrão e o Deus de Isac e o Deus de Jacó, o Deus de nossos pais glorificou a seu filho Jesus a quem vós sem dúvida entregastes e negastes perante a face de Pilatos, julgando ele que se soltasse.

14 — Mas vós negastes ao Santo e ao Justo e pedistes que se vos desse um homem homicida.

15 —E assim matastes o autor da vida, a quem Deus ressuscitou dos mortos, que nós somos testemunhas.

Os povos daquele tempo eram politeistas; somente os judeus eram monoteistas. Para não haver dúvidas quanto aos poderes de Jesus, Pedro adverte os israelitas de que o poder e a virtude de Jesus emanavam daquele Deus Uno que eles adoravam desde os tempos do patriarca Abraão; relembra-os de que o negaram diante da autoridade romana ainda que esta o quisesse salvar, trocando-o por Barrabás. Embora o tenhais matado, somos testemunhas de que ele vive, afirma Pedro.

Nós, mediante os ensinamentos do Espiritismo, temos os meios de explicar as aparições de Jesus a seus discípulos, após sua morte.

Eles, porém, não os tinham e restava-lhes afirmar que Jesus ressuscitara dentre os mortos.

16 — E na fé do seu nome confirmou seu mesmo nome a este, que vós tendes visto e conheceis; e a fé, que há por meio dele, foi a que lhe deu esta inteira saúde, à vista de todos nós.

Da esfera divina de Jesus emanam ininterruptamente fluidos a nosso favor ou ao de nossos irmãos necessitados. Foi o que Pedro fez: pela fé em Jesus, dirigiu para o paralítico a corrente benéfica que lhe restituiu a saúde. Notem que Pedro não se arroga a responsabilidade da cura, mas a Jesus do qual recebera a permissão para efetuá-la.

17 — E agora, irmãos, eu sei que o fizestes por ignorância, como também os vossos magistrados.

A ignorância é a causa de todos os males que afligem a humanidade e de serem repudiados os grandes vultos que a vieram beneficiar; e retarda a aceitação das nobres idéias que a vêm esclarecer, como atualmente se dá com o Espiritismo. Todavia, depois de muitas lutas, a ignorância cede lugar à luz e o mundo avança mais um pouco na senda do progresso.

18 — Porém Deus, o que já dantes anunciou por boca de todos os profetas que padeceria o seu Cristo, assim o cumpriu.

Uma das coisas que mais infelicita a família humana, é a falta do perdão e do amor fraterno entre seus membros. Para ensinar-nos como devemos amar-nos uns aos outros e perdoar qualquer ofensa, seja qual for, que cometerem contra nós, é que Jesus veio à Terra, padecendo o que sobre ele fora profetizado.

19 — Portanto, arrependei-vos e convertei-vos para que os vossos pecados vos sejam perdoados.

O arrependimento consiste em abandonar nossos velhos maus hábitos: os vícios, a cupidez, a inveja, os ciumes, a ambição excessiva, a maledicência, o orgulho, o egoismo, a intransigência, a ira, o rancor, a vingança, o adultério e outros mais que enfeiam nossa alma e a tornam escura, trevosa.

O convertimento é o ato pelo qual aceitamos o Evangelho e passamos a viver de acordo com suas lições.

O perdão de nossos pecados, nós o conseguiremos mediante uma vida reta, moralizada, e corrigindo os erros que tivermos cometido para com nosso próximo.

20 — Para que quando vierem os tempos do refrigério diante do Senhor e enviar aquele Jesus Cristo, que a vós vos foi pregado.

Por tempo de refrigério devemos entender a época em que a humanidade, inteiramente regenerada, viverá segundo os ensinamentos de Jesus. Então a Terra terá conquistado mais um grau na escala evolutiva, o de planeta de regeneração, donde entreverá as claridades dos mundos felizes.

21 — Ao qual é certamente necessário que o céu receba até aos tempos da restauração, os quais Deus falou por boca dos seus santos profetas, desde o princípio do mundo.

Tendo deixado conosco o Evangelho, Jesus voltou à sua esfera esplendorosa, a continuar seu trabalho para a completa espiritualização de seus tutelados terrenos. Por "tempos da restauração" entendemos a época que verá a Terra regenerada pela aplicação em todas as atividades humanas dos ensinamentos de Jesus, o que se dará por volta do fim do terceiro milênio.

22 — Moisés sem dúvida disse: Porquanto o Senhor vosso Deus vos suscitará um profeta dentre vossos irmãos, semelhante a mim ;a este ouvireis em tudo o que ele vos disser.

Moisés, poderoso médium inspirado, abre a longa série das profecias sobre a missão de Jesus; citando-o Pedro lhes lembra que ele não só lhes predisse a vinda de Jesus, como também lhes recomendou que o ouvissem em tudo quanto lhes dissesse.

23 — E isto acontecerá: toda alma que não ouvir aquele profeta, será exterminada do meio do povo.

O Evangelho será difundido até que se torne conhecido de todos; uma vez este alvo atingido, haverá um expurgo terreno: os que se reajustarem às leis divinas, aqui continuarão a evoluir normalmente; os que não se reajustarem a elas e permanecerem impermeáveis ao bem, serão transferidos para outras moradas da casa do Pai, mais condizentes com seus caracteres. E a Terra, banidos os rebeldes, gozará de paz.

24 — E todos os profetas desde Samuel e quantos depois falaram, anunciaram estes dias.

Os profetas que se seguiram a Moisés, não se cansaram de bater na mesma tecla. Tornando-se a Bíblia um livro não apenas dum povo e sim duma humanidade, suas profecias já não se dirigem a um povo mas a uma humanidade, em nosso caso, a terrena. Estamos caminhando celeremente para os "tempos da restauração"; que se precatem todos aqueles que aqui quiserem permanecer.

> 25 — Vós sois os filhos dos profetas e do testamento que Deus ordenou a nossos pais, dizendo a Abraão; E na tua semente serão abençoadas todas as famílias da Terra.

O povo judeu, que começa a aparecer na História, com o patriarca Abraão, teve por missão implantar na Terra o monoteísmo, ou seja, fez-nos conhecer o Deus Único, o Pai Celeste; assim percebemos que constituímos uma só família e todos somos irmãos, dado que fomos criados pelo mesmo Pai.

> 26 — Deus ressuscitando o seu filho, vô-lo enviou primeiramente a vós, para que vos abençoasse a fim de que cada um se aparte da sua maldade.

O Evangelho nos ensina como apartar-nos da maldade; no fundo, ele não é um livro místico mas sim um regulamento, uma norma de conduta: um regulamento que precisamos respeitar para não nos indispor com as suas leis divinas e uma norma de conduta que devemos adotar em nossa vida de relação para com Deus, para com nosso próximo e para com nossa consciência. Nasceu no seio do povo judeu, o qual já possuía condições de compreendê-lo: daí se espalhou para o mundo.

CAPÍTULO IV

Pedro e João perante o Sinédrio

> 1 — Estando eles falando ao povo, sobrevieram os sacerdotes e o magistrado do Templo e os saduceus.
>
> 2 — Doendo-se de que eles ensinassem o povo e de que anunciassem na pessoa de Jesus a ressurreição dos mortos.
>
> 3 — E lançaram mão deles e os meteram na prisão até ao outro dia, porque era já tarde.

O fato se deu junto à porta Especiosa do Templo, depois das três horas da tarde; e atraiu a atenção dos sacerdotes, do magistrado encarregado de manter a ordem no Templo e dos saduceus que ali se achavam. Os saduceus pertenciam a uma seita judáica que negava a imortalidade da alma, porém, afirmava a existência de Deus. O drama da paixão e a atuação de Jesus entre eles ainda viviam muito bem na memória de todos. E como queriam sufocar o movimento evangélico, doeram-se ao verificar que os Apóstolos o continuavam vigorosamente. Como o dia declinava, prenderam Pedro e João no cárcere que havia no próprio Templo. É o início da grande perseguição a todos os que fazem o bem em nome de Jesus; ela perdura até nossos dias, pois não vemos o Espiritismo perseguido por pregar o Evangelho em sua primitiva pureza e tentar mitigar o sofrimento humano?

4 — Porém muitos daqueles que tinham ouvido a pregação creram nela; e chegou o seu número a cinco mil pessoas.

A verdade triunfa sempre; tal qual os aprendizes do Evangelho cujo número aumenta, assim o Espiritismo se espalha ininterruptamente por toda a Terra.

5 — E aconteceu que no dia seguinte se juntaram em Jerusalém os principais deles, os anciões e os escribas.

6 — E Anaz, príncipe dos sacerdotes e Caifaz e João e Alexandre e todos os que eram da linhagem sacerdotal.

7 — E mandando-os apresentar no meio, lhes perguntavam: Com que poder, ou em nome de quem, fizestes isso?

O mesmo tribunal que condenara Jesus, reune-se para apreciar o caso dos discípulos. Eram sacerdotes materialistas, apegados aos bens terrenos e apenas usufruindo das vantagens materiais que o sacerdócio lhes proporcionava, esquecidos de seus compromissos espirituais. É evidente que seriam incapazes de uma apreciação correta do fato, dado o interesse que tinham em não esclarecer o povo a fim de não perder a autoridade e as posições que ocupavam. A pergunta que fizeram aos discípulos, revela a maldade que lhes ia no coração: será que eles não sabiam que o bem, sob qualquer forma que se apresente ou seja praticado, promana sempre de Deus, sua fonte suprema? E praticar o bem em nome de Jesus é praticá-lo segundo as leis do Pai Celeste, que Jesus nos revelou. Tal sucede hoje com o Espiritismo: espalhando luzes e consolações a quantos lhe batem à porta, é combatido e perseguido pelas religiões organizadas, cujos sacerdotes e ministros para usufruir das vantagens materiais de seus cargos, mantêm o povo na ignorância.

8 — Então Pedro, cheio do Espírito Santo, lhes respondeu: Príncipes do povo e vós anciãos, ouvi-me:

Pedro, através de sua mediunidade, é inspirado pela legião dos Espíritos do bem para responder ao tribunal. Assim, todo o médium, sinceramente dedicado aos trabalhos espirituais, encontrará sempre no Evangelho a resposta adequada a dar a seus detratores.

9 — Se a nós hoje se nos pede razão do benefício feito a um homem enfermo, com que virtude este foi curado.

10 — Seja notório a todos vós e a todo o povo de Israel que em nome de Jesus Cristo Nazareno, a quem vós crucificastes, a quem Deus ressuscitou dos mortos, no tal nome que digo é que este se acha em pé diante de vós, já são.

É como se Pedro lhes dissesse "Pedem-nos conta da graça que fizemos a este homem: todavia ela não foi feita por nós, que agimos apenas como intermediários. A cura lhe veio de Deus, por autoridade de Jesus Cristo, o qual está vivo no mundo espiritual, após o suplício a que o condenaram na Terra". Eis uma lição de humildade que Pedro nos dá: se como médiuns tivermos a ventura de beneficiar alguém, jamais nos atribuamos o mérito, o qual pertence a Jesus, nosso Supremo Inspirador.

11 — Esta é a pedra que foi removida por vós, arquitetos, que foi posta pela primeira fundamental do ângulo.

Os sacerdotes rejeitaram Jesus. O tempo, porém, demonstra que é sobre o Evangelho que se está erguendo o verdadeiro edifício religioso que abrigará a humanidade; e hoje o Espiritismo apressa-lhe a construção, do qual Jesus é a pedra fundamental.

12 — E não há salvação em nenhum outro, porque do céu abaixo nenhum outro nome foi dado aos homens pelo qual nós devamos ser salvos.

A salvação a que Pedro se refere, é a nossa redenção pela observância das leis divinas. Nós somos Espíritos criados por Deus, nosso Pai e devemos progredir por nossos próprios esforços. Durante nossa evolução é comum o fracasso, desviando-nos do caminho do bem e perdendo-nos pelas sendas da iniqüidade. Ora, Deus não quer que nenhum de seus filhos pereça e quer que todos ingressemos em seu reino de paz, de luz e de felicidade; e para isso enviou seu filho, Jesus, a apontar-nos o Caminho, a Verdade e a Vida. Quanto à autoridade de Jesus em vista à nossa salvação, ouçamos o que nos diz Emanuel, em seu livro "O Consolador", em resposta à pergunta n.º 238: "Antes de tudo, precisamos compreender que Jesus não foi um filósofo, nem poderá ser classificado entre os valores próprimente humanos, tendo-se em conta os valores divinos de sua hierarquia espiritual, na direção das coletividades terrícolas. Enviado de Deus, ele foi a representação do Pai junto ao rebanho de filhos transviados do seu amor e de sua sabedoria e cuja tutela lhe foi confiada nas ordenações sagradas da vida no Infinito. Diretor angélico do orbe, seu coração não desdenhou a permanencia direta entre os seus tutelados míseros e ignorantes..."

É pois Jesus nosso tutor compassivo que amorosamente nos ensina o segredo da salvação, ou seja, da nossa felicidade espiritual.

13 — E vendo eles pois a firmeza de Pedro e de João, depois de saberem que eram homens sem letras e idiotas, se admiravam e conheciam ser os que haviam estado com Jesus.

Os discípulos, Jesus os escolheu dentre as classes mais humildes da população; assimilaram as lições e procuraram vivê-las; substituíram a falta de letras pela grandeza do coração; e usando a mediunidade, estendiam mão amiga aos necessitados e despertavam o povo para as realidades espirituais. Tal é o papel dos médiuns em nossos dias: simples e humildes de coração, iletrados por vezes, repetem com bom ânimo as lutas dos primeiros discípulos.

14 — Vendo também estar com eles o homem que havia sido curado, não podiam dizer nada em contrário.

15 — Mandaram-lhes pois que saíssem fora da junta; e conferiam entre si.

16 — Dizendo: Que faremos a estes homens? porquanto foi por eles feito na verdade, um milagre notório a todos os habitantes de Jerusalém; é manifesto e não o podemos negar.

Não podiam negar o fato, já que a prova estava ali, de pé diante deles; a luz brilhava a seus olhos, todavia procuravam abafá-la. É o que acontece em nossos dias: o Espiritismo dá provas luminosas das verdades espirituais, mas trabalham por sufocá-lo.

17 — Todavia para que se não divulgue mais no povo, ameacemo-los que para o futuro não falem mais a homem algum neste nome.

18 — E chamando-os, lhes intimaram que absolutamente não falassem mais, nem ensinassem em nome de Jesus.

Os ensinamentos de Jesus não convinham ao clero organizado porque sentia que estava distanciado da lei divina; aceitá-los, seria mudar o estado de coisas em que se·comprazia; daí proibir aos Apóstolos propagá-los. Também as religiões organizadas de hoje se aceitassem a Revelação Espírita, teriam de reformar-se desde a raiz o que absolutamente não lhes convém.

19 — Então Pedro e João respondendo lhes disseram: Se é justo diante de Deus ouvir-vos a vós antes que a Deus, julgai vós;

Nosso dever para com Deus, o Pai, está acima de quaisquer convenções humanas; e não é justo atender primeiro a elas, quando convocados ao serviço divino pela Espiritualidade Superior. Lembremo-nos de que, sejam quais forem as circunstâncias, mesmo calcando afeições queridas, é preciso ser fiel a Deus e servi-lo.

20 — Porque não podemos deixar de falar das coisas que temos visto e ouvido.

Durante três anos, os discípulos receberam os ensinamentos de Jesus; testemunharam-lhe as obras; assistiram à sua prisão e ao seu suplício; viram-no expirar pregado na cruz; ajudaram a carregar o seu cadáver para o túmulo; e no dia predito, ele se lhes mostra radiante de vida; fala-lhes; dá-lhes ordens; e diante de todos, sobe aos céus. Como pois poderiam deixar de falar das coisas que viram, ouviram e viveram? Devemos aqui admirar a franqueza dos discípulos: diante do testemunho, não tergiversam, não patuam com os trevas, mas confirmam a fé que lhes morava no coração. É este mais um exemplo que nos legaram: proclamemos bem alto as verdades do Espiritismo, para que o maior número possível de criaturas se beneficie dele.

21 — Eles então, ameaçando-os, os deixaram ir livres, não achando pretexto para os castigar, por medo do povo, porque todos celebravam o milagre que se fizera neste fato que tinha acontecido.

22 — Porquanto já tinha mais de quarenta anos o homem em que havia sido feito aquele prodígio de saúde.

Notemos o coração duro dos sacerdotes: o bem que o homem coxo obtivera por meio dos discípulos não influiu na decisão deles.

37

mas sim apenas o medo do povo; e em lugar de agradecimentos, receberam ameaças. É o caso do Espiritismo: espalha luzes e conforto, mas é combatido pelos agentes das trevas.

23 — Mas depois de postos em liberdade, vieram aos seus e lhes referiram quanto lhes haviam dito os príncipes dos sacerdotes e os anciãos;

24 — Os quais, tendo-os ouvido levantaram unanimemente a voz a Deus e disseram: Senhor, tu és o que fizeste o céu e a Terra, e mar e tudo o que há neles;

25 — O que pelo Espírito Santo, por boca de nosso pai Davi, teu servo, disseste: Porque bramaram as gentes e meditaram projetos vãos?

26 — Levantaram-se os reis da Terra e os príncipes se ajuntaram em conselho contra o Senhor e contra o seu Cristo?

27 — Porque verdadeiramente se ligaram nesta cidade contra o teu santo filho Jesus, ao qual ungiste. Herodes e Pôncio Pilatos, com os gentios e com o povo de Israel·

28 — Para executarem o que o teu poder e o teu conselho determinaram que se fizesse.

Ouvindo o relato de Pedro e de João, os restantes discípulos não proferem impropérios, nem se zangam contra seus perseguidores; mas recordando trechos das Sagradas Escrituras, tecem um hino de louvor a Deus, sem cuja vontade nada se faz no Universo. Assim, não dando abrigo em seus corações a ódios e rancores, justificam-se e animam-se para as lutas que os aguardavam na sementeira do Evangelho.

Atualmente, na difusão do Espiritismo, seus trabalhadores sofrem também perseguições, embora não cruentas como as sofreram os primeiros cristãos, em cujos exemplos se devem inspirar.

29 — Agora, pois, Senhor, olha para as suas ameaças e concede a teus servos que com toda a liberdade falem a tua palavra.

Os discípulos entregam ao Altíssimo os inimigos do Evangelho; para si apenas pedem a graça de trabalhar no campo do Senhor. Do mesmo modo, hoje, devemos assim proceder: deixemos que o Senhor cuide dos que nos combatem e nós de nossas tarefas na seara de Deus.

30 — Estendendo a tua mão a sarar as enfermidades e a que se façam maravilhas e prodígios em nome de teu santo filho Jesus.

Humildemente se reconhecem como simples instrumentos da vontade divina, pedindo ao Senhor que estenda sua mão para curar as enfermidades e que tudo fôsse feito por amor de Jesus. Seguindo esse exemplo, lembremo-nos de que somos meros intermediários nas curas, nas maravilhas e nos prodígios que perfizermos; a nossa parte nisso tudo é a nossa boa vontade; o resto é de Deus.

31 — E tendo eles assim orado, tremeu o lugar onde estavam congregados e todos foram cheios do Espírito Santo e anunciavam a palavra de Deus confiadamente.

Fortificando a fé de seus seareiros, o Altíssimo jamais deixa de responder às orações sinceras. Aqui se descreve um fenômeno mediúnico de efeitos físicos e um de incorporação, dado que os discípulos são tomados pelos Espiritos do bem, isto é, da legião do Espírito Santo.

Este versículo nos mostra uma sessão espírita em todo seu esplendor: os assistentes oram, o plano espiritual responde e os Espíritos se comunicam.

A comunidade dos bens entre os primeiros cristãos

32 — E da multidão dos que criam o coração era um e a alma uma; e nenhum dizia ser sua coisa alguma daquelas que possuía, mas tudo entre eles era comum.

Embora paupérrimos, auxiliavam-se mutuamente: quem possuía alguma coisa não deixava faltar nada ao que nada possuía. Começa o desenvolvimento do altruísmo entre os homens: pensar nos outros antes que pensar em si.

33 — E os Apóstolos com grande valor davam testemunho da ressurreição de Jesus Cristo nosso Senhor; e havia muita graça em todos eles.

Pela expressão "com grande valor" percebe-se que a perseguição já se tinha desencadeado contra o Cristianismo nascente; todavia ninguém vacila; e com bom anâmo prosseguem na tarefa. O Espiritismo também, assediado pelas trevas, luta valorosamente para a implantação na Terra das verdades espirituais.

34 — E não havia nenhum necessitado entre eles, porque todos quantos eram possuidores de campos, ou de casas vendendo isso, traziam o preço do que vendiam.

35 — E o punham aos pés dos Apóstolos. Repartia-se pois por eles em particular segundo a necessidade que cada um tinha.

Estes dois versículos nos revelam que os discípulos, em Jerusalém, já se tinham organizado, embora modestamente, para prestar duas espécies de assistência: a assistência espiritual, pregando o Evangelho; e a assistência social, socorrendo, na medida do possível, a pobreza que lhes batia às portas. E quem dispunha de alguma coisa, contribuía para a caixa assistencial.

36 — E José, a quem os Apóstolos davam o sobrenome de Barnabé (que quer dizer filho da consolação), levita natural de Chipre.

37 — Como tivesse um campo, o vendeu e levou o preço e o pôs ante os pés dos Apóstolos.

A nova doutrina, o Cristianismo, conquistava adeptos até entre a classe sacerdotal. Barnabé era um levita, ou seja, um sacerdote do Templo, e abraçou o Evangelho sem hesitação e colocou a serviço dele os seus próprios bens. Do mesmo modo, o Espiritismo conquista seguidores em todas as classes sociais.

CAPÍTULO V

Ananias e Safira

1 — Um varão pois, por nome Ananias, com sua mulher Safira, vendeu um campo.

2 — E com fraude usurpou certa porção do preço do campo, consentindo-o sua mulher; e levando uma parte, a pôs aos pés dos apóstolos.

3 — E disse Pedro: Ananias, porque tentou Satanaz o teu coração para que tu mentisses ao Espírito Santo e reservasses parte do preço do campo?

4 — Porventura não te era livre ficar com ele e ainda, depois de vendido, não era teu o preço? Como pudeste logo em teu coração fazer tal? Sabe que não mentiste aos homens mas a Deus.

5 — E Ananias, ouvindo porém estas palavras, caiu e expirou. E infundiu-se um grande temor em todos os que isto ouviram.

6 — Levantando-se pois uns mancebos, o retiraram dali para fóra e o enterraram.

7 — E passado que foi quase o espaço de tres horas entrou também sua mulher, não sabendo o que tinha acontecido.

8 — E Pedro lhe disse: Dize-me, mulher, se vendestes vós por tanto a herdade? E ela disse: Sim, por tanto.

9 — Pedro então disse para ela: porque vos haveis por certo concertado para tentar o Espírito do Senhor? Eis aí estão à porta os pés daqueles que enterraram o teu marido e te levarão a ti.

10 — No mesmo ponto caiu a seus pés e expirou. E aqueles moços, entrando, a acharam morta e a levaram e enterraram junto a seu marido.

11 — E difundiu-se um grande temor por toda a igreja e entre todos os que ouviram este sucesso·

O episódio de Ananias e Safira é bem significativo e cheio de excelentes ensinamentos. Entusiasmado pela obra assistencial que os discípulos desenvolviam, o casal resolve ajudá-los com o produto da venda de um campo que possuía. Realizam a venda e, uma vez da posse do dinheiro, arrependem-se e já não levam aos discípulos o total recebido mas apenas uma parte. Pedro recebe a intuição de que eles não estavam sendo sinceros; e adverte-os de que, assim agindo, cediam às. sugestões das trevas; querendo fugir à responsabilidade que assumiram, enganariam aos homens mas não a Deus. É o caso de muitas pessoas que hipocritamente vivem duas vidas: uma diante dos homens, aparentemente austera e moralizada; e outra, às escondidas, satisfazendo a seus instintos inferiores. Uma multidão de testemunhas invisíveis, — os Espíritos desencarnados — os espreita e na primeira oportunidade os desmascara.

Não vamos nem de leve supor que o Apóstolo fulminasse o casal. Emissário do bem que Pedro era, jamais lhe passa pela cabeça prejudicar Ananias e sua mulher; simplesmente os admoesta. O casal compreendeu que cometera uma falta e mordido pelo remorso e pela acusação de sua consciência e pela vergonha, não resiste e desencarna de súbito. Estes casos de desencarne repentino não são raros; quantas pessoas que, frente a uma desgraça, a uma fatalidade, a uma dor moral, sem forças para resistir ao choque, desencarnam, sem a intervenção de quem quer que seja.

Tenhamos cuidado com os compromissos que assumirmos perante a Espiritualidade. Assim como Ananias era livre de ficar com o produto da venda de seu campo, nós também somos livres de tomar ou não compromissos espirituais; todavia, uma vez assumidos esses compromissos, temos de honrá-los, custem-nos o que custarem. Tais os médiuns, pregadores, doutrinadores e outros tarefeiros do Espiritismo: pensem bem, meçam suas forças antes de se compromissar; porque se se furtarem ao compromisso, (não vamos dizer que acabem como este casal) contudo arcarão com dolorosas conseqüências.

12 — E pelas mãos dos Apóstolos se faziam muitos milagres e prodígios entre a plebe; e estavam todos unânimes no pórtico de Salomão.

Os milagres e os prodígios que se faziam pelas mãos dos discípulos, repetem-se comumente hoje através do passe, da água fluída e da prece; é a mediunidade em ação. O pórtico de Salomão era o local preferido pelos discípulos no Templo, onde se reuniam para ensinar o Evangelho.

13 — E nenhum dos outros ousava ajuntar-se com eles; mas o povo lhes dava grandes louvores.

14 — E cada vez se aumentava mais a multidão dos homens e mulheres que criam no Senhor.

As lições de Jesus difundiam-se rapidamente e sem cessar conquistavam adeptos, mormente entre as classes humildes às quais traziam o conforto, que elas não encontravam na religião dominante. Do mesmo modo o Espiritismo em nossos dias: espalha-se e traz para seu seio os humildes de coração de todas as classes sociais; quanto àqueles que não o aceitam, geralmente o fazem movidos por preconceitos, ou interesses subalternos.

15 — De maneira que traziam os doentes para as ruas e os punham em leitos e enxergões a fim de que, ao passar Pedro cobrisse sequer com a sua sombra alguns deles e ficassem livres de suas enfermidades.

16 — Assim mesmo concorriam enxames deles das cidades vizinhas a Jerusalém, trazendo os seus enfermos e os vexados dos Espíritos imundos; os quais todos eram curados.

Os doentes beneficiam-se da mediunidade curadora dos discípulos.

Todos nós irradiamos fluidos: benéficos, quando nossos pensamentos são bons; e deletérios, quando nossos pensamentos são maldosos ou impuros. A irradiação de fluidos benéficos age positivamente sobre todos os que estiverem ao nosso redor. Era o que Pedro fazia ao passar: com sua poderosa irradiação de fluidos puros, curava os doentes que os recebiam.

Os vexados de Espíritos imundos eram os obsidiados, ou seja, pessoas perseguidas por Espíritos inferiores. A irradiação pura dos fluidos de Pedro repelia tais Espíritos que deixavam suas vítimas em paz. Estes mesmos trabalhos são comuns nos Centros Espíritas de hoje, onde constituem a caridade espiritual.

Os Apóstolos são milagrosamente tirados da prisão e dão testemunho perante o sinédrio. O conselho de Gamaliel.

17 — Mas levantando-se o príncipe dos sacerdotes e todos os que com ele estavam (que é a seita dos saduceus) se encheram de inveja e de ciúmes.

18 — E fizeram prender os Apóstolos e mandaram metê-los na cadeia pública.

A missão dos reformadores é inçada de tropeços e perigos, mormente para os Apóstolos que lançavam as bases de um novo ciclo evolutivo para a humanidade. Por isso não é de extranhar que fossem alvo da perseguição por parte dos que se beneficiavam com a antiga ordem das coisas.

19 — Mas o anjo do Senhor, abrindo de noite as portas do cárcere e tirando-os para fóra, lhes disse:

20 — Ide e apresentando-vos no Templo pregai ao povo todas as palavras desta vida.

Assistimos aqui a três fenômenos mediúnicos: um de efeitos físicos, um de materialização, e um de voz direta: a abertura da porta é efeito físico; a aparição do anjo, materialização; a fala do anjo, voz direta. Os Apóstolos são libertados da cadeia e exortados a que persistissem na sementeira do Evangelho através da mediunidade. Tais fenômenos já se reproduziram inúmeras vezes em sessões espíritas de estudos: nada têm de milagrosos e obedecem a leis naturais que paulatinamente os homens vão descobrindo.

O Plano Espiritual auxilia sempre os trabalhadores de boa vontade, embora nem sempre ostensivamente; especialmente para os discípulos, esse auxílio se tornava muito necessário para que não vacilassem na rude tarefa que tinham pela frente.

21 — Os quais, tendo ouvido isto, entraram ao amanhecer no Templo e se punham a ensinar. Mas chegando o príncipe dos sacerdotes e os que com ele estavam, convocaram o conselho e a todos os anciãos dos filhos de Israel; e enviaram ao cárcere para que fossem ali trazidos.

22 — Mas tendo lá ido os ministros e como, aberto o cárcere, os não achassem depois de voltarem, deram a notícia.

23 — Dizendo: Achamos sim o cárcere fechado com toda a diligência e os guardas postos diante das portas mas, abrindo-as, não achamos ninguém dentro.

24 — Quando porém ouviram esta novidade, o magistrado do Templo e os príncipes dos sacerdotes estavam perplexos sobre o que teria sido feito deles.

Obedientes à ordem recebida, os discípulos compareceram ao Templo a ensinar o Evangelho; é um exemplo que legam aos atuais trabalhadores da seara, os espíritas; quaisquer que sejam as dificuldades, é preciso pregar as palavras da vida. Os sacerdotes convocam o conselho a fim de julgá-los e pasmados, verificam que tudo ia bem na prisão, só que os dois prisioneiros não se encontravam dentro dela.

25 — Mas ao mesmo tempo chegou um que lhes deu esta notícia: olhai que aqueles homens, que metestes no cárcere, estão postos no Templo e doutrinando ao povo.

26 — Então foi o magistrado com seus ministros e os trouxe sem violência, porque temiam que o povo os apedrejasse.

Sem receio dos homens mas obedientes a Jesus, os discípulos pregavam. Para que assim fossem notados e para que os sacerdotes temessem o povo, certamente o número dos ouvintes interessados já devia ser grande.

27 — E logo que os trouxeram, os apresentaram ao conselho e o príncipe dos sacerdotes lhes fez a seguinte pergunta:

28 — Dizendo: Com expresso preceito vos mandamos que não ensinasseis neste nome; e não obstante isto, eis aí tendes enchido a Jerusalém da vossa doutrina; e quereis lançar sobre nós o sangue desse homem.

Os sacerdotes sentem que a nova doutrina toma conta dos corações, que o povo já os acusa da condenação injusta de Jesus e, usando de ameaças, procuram sufocar o Cristianismo que nascia.

29 — Mas Pedro e os Apóstolos, dando a sua resposta, disseram: Importa mais obedecer a Deus do que aos homens.

Compreendendo o alcance da tarefa de que estavam incumbidos, os discípulos respondem a seus perseguidores que nada mais faziam do que obedecer a Deus, cuja vontade deve ser atendida em primeiro lugar. Assim hoje os espíritas: difundindo o Evangelho, trabalhando como médiuns, pregando o Espiritismo, quebrando preconceitos, arrostando perseguições, obedecem a Deus e não aos homens.

30 — O Deus de nossos pais ressuscitou a Jesus, a quem vós destes a morte, pendurando-o num madeiro.

Jesus venceu a morte; provou-nos que ela não existe: depois de seu desencarne na cruz, mostra-se a seus discípulos, com os quais convive e dá-lhes instruções; e assim, confiantemente, eles afirmavam que ele ressuscitara dentre os mortos. Essa é uma das tarefas do Espiritismo em nossos dias: provar que a morte não existe e que ressuscitaremos; ao entregar ao túmulo nosso corpo de carne, ressuscitaremos no mundo espiritual, onde passaremos a viver; e sempre que se nos deparar ocasião favorável, poderemos mostrar-nos a nossos amigos e familiares que aqui continuam.

31 — A este elevou Deus com a sua destra por Príncipe e por Salvador, para dar o arrependimento a Israel e a remissão dos pecados.

Deus eleva os humildes e abate os orgulhosos. A humildade de Jesus, sua obediência aos desígnios divinos, seu sacrifício para trazer-nos o Evangelho, que nos redimirá de nossos pecados, lhe asseguraram posição de Príncipe Espiritual de nosso planeta e nosso Salvador, por cujo meio atingiremos os planos elevados da Espiritualidade.

32 — E nós somos testemunhas destas palavras e também o Espírito Santo, que Deus deu a todos os que lhe obedecem.

Os discípulos, convencidos da Verdade, anunciavam-na ao mundo. O Espírito Santo é o dom da mediunidade, o qual se espalha cada vez mais entre os homens; e coube ao Espiritismo estudá-lo, anotar-lhe as leis e ensinar-nos como usá-lo.

33 — Quando isto ouviram enraiveceram-se e formavam tenção de os matar.

Incapazes de resistir aos argumentos da Verdade, os sacerdotes pensam em sacrificar os discípulos, como tinham feito a Jesus. Este é o mal das religiões que se cristalizaram e que resistem ao progresso: em lugar de estudar, analisar, verificar o que há de exato, de bom nas novas revelações espirituais, que chegam progressivamente, e depois esclarecer o povo, amendrontam-se com a Verdade, receiosos que ela lhes abale os interesses materiais e trabalham por sufocá-la.

> 34 — Mas levantando-se no Conselho um fariseu por nome Gamaliel, doutor da lei, homem de respeito em todo o povo, mandou que saíssem para fora aqueles homens, por um breve espaço·

Gamaliel presidiu ao sinédrio por diversas vezes; homem íntegro, suas palavras eram muito acatadas; seu pequeno discurso, que vamos estudar, e um modelo de bom senso e de tolerância. Foi preceptor de Paulo de Tarso.

> 35 — E lhes disse: Varões israelitas, atendei por vós, reparando o que haveis de fazer acerca destes homens.

Isto é, tenham cuidado com o julgamento que vocês vão proferir contra estes homens, para que não cometam uma nova injustiça.

> 36 — Porque há uns tempos a esta parte que se levantou um certo Teodas, que dizia ser ele um grande homem, a quem se acostou o número de quatrocentas pessoas, com pouca diferença; o qual foi morto e todos aqueles que o acreditavam, foram desfeitos e reduzidos a nada.

> 37 — Depois deste, levantou-se Judas Galileu, nos dias em que se fazia o arrolamento do povo e levou-o após si mas ele pereceu e foram dispersos todos quantos a ele se acostaram.

Teodas e Judas Galileu eram fanáticos que fomentaram revoltas entre o povo contra o jugo romano e se puseram a cometer tropelias; combatidos, foram desfeitos.

> 38 — Agora pois enfim vos digo: não vos metais com estes homens e deixai-os; porque se este conselho, ou esta obra, vem dos homens ela se desvanecerá;

> 39 — Porém se vem de Deus, não podereis desfaze-la, porque não pareça que até a Deus resistis. E eles seguiram o seu conselho.

Gamaliel compreendia que toda obra que não conta com o apoio do Plano Espiritual, mais cedo ou mais tarde se desvanece. Este mesmo conselho se aplica ao Espiritismo: se ele fosse apenas obra dos homens, não teria resistido ao tempo; entretanto, a pujança com que ele cresce, o consolo que espalha, os ensinamentos do Mestre que revivem, tudo está a atestar que é uma obra de Deus e por isso não se desvanecerá.

40 — E tendo chamado os Apóstolos, depois de os haverem feito açoitar lhes mandaram que não falassem mais no nome de Jesus e os soltaram.

41 — Porém eles saíam por certo gozosos de diante do Conselho, por terem sido achados dignos de sofrer afrontas pelo nome de Jesus.

42 — E todos os dias não cessavam de ensinar e de pregar a Jesus Cristo, no templo e pelas casas.

Os Apóstolos foram postos em liberdade, não sem antes sofrerem a pena do açoite com a qual o sinédrio quis amedrontá-los para que não mais pregassem o Evangelho. Todavia, como eles tinham a Verdade gravada em seus corações, desprezam ameaças e continuam as pregações, não só no Templo, no pórtico de Salomão, mas também nas casas quando chamados. É mais um exemplo que legaram aos espíritas: sejam quais forem as dificuldades que as trevas lhes antepuserem, é necessário não recuar ante a tarefa de esclarecer a humanidade.

CAPÍTULO VI

A instituição dos diáconos

1 — Naqueles dias porém, crescendo o número dos discípulos, se moveu uma murmuração dos gregos contra os hebreus, pelo motivo de que as suas viúvas eram desprezadas no serviço de cada dia.

O número dos necessitados que procuravam valer-se da obra assistencial dos discípulos, crescia sem cessar, acarretando-lhes cada vez mais trabalho; não é de admirar, portanto, que houvesse falhas, contra as quais reclamavam os que se sentiam menos atendidos. O serviço de cada dia consistia não só nas pregações evangélicas mas também na distribuição da sopa e alimentos aos pobres, dentre os quais dedicavam especial atenção às viúvas desamparadas.

2 — Pelo que os doze, convocando a multidão dos discípulos, disseram: Não é justo que nós deixemos a palavra de Deus e que sirvamos às mesas.

47

3 — Portanto irmãos, escolhei de entre vós a sete varões de boa reputação, cheios do Espírito Santo e de sabedoria, aos quais encarreguemos desta obra.

4 — E nós atenderemos de contínuo à oração e à administração da palavra·

Os discípulos, compreendendo a extensão da tarefa que lhes cabia, buscam cooperadores. A expressão "sirvamos às mesas" é que nos faz deduzir, logicamente, que os discípulos distribuíam sopas e alimentos aos pobres, além de atenderem aos doentes; e como isso lhes tomasse quase todo o tempo, pouco podiam cuidar do Evangelho. Assim propunham que se lhes elegessem sete auxiliares, dentre os que os acompanhavam; assíduos, de bom comportamento e dedicados à obra de Jesus; ficariam encarregados da assistência social, enquanto que eles empregariam melhor o seu tempo em ensinar o Evangelho.

5 — E aprouve este arrazoamento a toda a junta. E eles escolheram a Estevão, homem cheio de fé e do Espírito Santo e a Filipe e a Prócoro e a Nicanor e a Timão e a Pármenas e a Nicolau, de Antioquia.

Dentre os escolhidos sobressaía Estevão, por ser cheio do Espírito Santo, o que significa que ele era um médium bem desenvolvido. Quanto a Nicolau, de Antioquia, nos deixa entrever que o Evangelho já tinha transposto os limites de Jerusalém e outros núcleos já se tinham formado fora da Palestina. Estamos no ano 33 da Era Cristã.

6 — A estes apresentaram diante dos Apóstolos e, orando, puseram as mãos sobre eles.

Os Apóstolos consagraram os sete escolhidos apondo-lhes as mãos, isto é, transmitindo-lhes um passe espiritual e orando por eles.

7 — E crescia a palavra do Senhor e se multiplicava muito o número dos discípulos em Jerusalém; uma grande multidão de sacerdotes obedecia também à fé.

Os sacerdotes eram numerosíssimos em Jerusalém; os serviços do Templo ocupavam diariamente grande porção deles; e muitos, tocados pelos ensinamentos evangélicos, aderiam à nova fé. O mesmo se passa hoje com o Espiritismo: correspondendo ao anseio espiritual da humanidade, crescem-lhe continuamente os adeptos.

Estevão, o primeiro mártir

8 — Mas Estevão, cheio de graça e de fortaleza, fazia grandes prodígios e milagres entre o povo.

Estevão era um médium bem desenvolvido; através de sua mediunidade, os Espíritos do bem atendiam aos necessitados de todos os matizes que o procuravam.

9 — E alguns da sinagoga, que se chama dos libertinos e dos cirenenses e dos alexandrinos e dos que vieram da Cilicia e da Ásia, se levantaram a disputar com Estevão.

10 — E não podiam resistir à sabedoria e ao Espírito que nele falava.

É preciso notar que Estevão não foi discutir com eles na sinagoga deles e sim eles que vieram à humilde instituição que os Apóstolos fundaram em Jerusalém, à procura da discussão. Como Estevão se firmava no Evangelho para suas pregações e para dar-lhes as respostas, não tinham como argumentar, uma vez que se apoiavam apenas na letra da lei de Moisés.

11 — Então subornaram a alguns que disseram que eles lhe haviam ouvido dizer palavras de blasfêmia contra Moisés e contra Deus.

12 — Amotinaram enfim o povo e os anciões e os escribas; e conjurados o arrebataram e o levaram ao Conselho.

13 — E produziram falsas testemunhas, que dissessem: Este homem não cessa de produzir palavras contra o lugar santo e contra a lei.

14 — Porque nós o ouvimos dizer que esse Jesus Nazareno há de destruir esse lugar e há de trocar as tradições que Moisés nos deixou.

15 — E fixando nele os olhos todos aqueles que estavam assentados no Conselho, viram o seu rosto como o rosto de um anjo.

Percebendo seus interesses ameaçados pela nova doutrina que ensinava aos homens paz, tolerância, amor, perdão e sobretudo a renúncia ao egoismo e ao orgulho, a classe sacerdotal movimenta-se para perder Estevão. Assim como fizeram com Jesus, prendem Estevão sob alegações de falsas testemunhas, visando condená-lo. Na verdade, Jesus nada disse contra a lei de Moisés; simplesmente afirmara que viera mostrar como cumpri-la. O mesmo faz o Espiritismo em nossos dias: não veio para combater religiões e sim para reviver o Evangelho em sua pureza original e indicar-nos novos caminhos evolutivos.

Estevão que intimamente perdoava a seus ofensores, tinha o rosto transfigurado pela irradiação do amor, o que seus acusadores percebiam.

CAPÍTULO VII

1 — Então o sumo sacerdote disse: Pois com efeito, são assim estas coisas?

Interrogando-o, irônica e hipócritanemte, o sumo sacerdote tenta dar um aspecto legal à condenação de Estevão, já de antemão preparada.

2 — Respondeu ele: Varões irmãos e pais, escutai. O Deus da glória apareceu a nosso pai Abraão, quando estava em Mesopotâmia, antes de assistir em Caran.

3 — E lhe disse: Sai de teu país e de tua parentela e vem para a terra que eu te mostrar.

4 — Então saiu ele da terra dos caldeus e veio morar em Caran. E de lá, depois que morreu seu pai, Deus o fez passar a esta terra, na qual vós agora habitais.

5 — E não lhe deu herança nela, nem ainda o espaço dum pé; mas prometeu dar-lhe posse dela a ele e depois dele à sua posteridade, quando ainda não tinha filho.

6 — E Deus lhe disse que a sua descendência seria habitadora em terra estranha e que a reduziriam à servidão e a maltratariam pelo espaço de quatrocentos anos;

7 — Mas eu julgarei a gente a quem eles houverem servido, disse o Senhor; e depois disto sairão e me servirão neste lugar.

8 — E lhe deu o testemunho da circuncisão; e assim gerou a Isaque e o circuncidou passados oito dias; e Isaque gerou a Jacó e Jacó aos doze patriarcas.

9 — E os patriarcas, movidos de inveja, venderam a José, para ser levado ao Egito; mas Deus era com ele.

10 — E o livrou de todas as suas tribulações e lhe deu graça e sabedoria diante de Faraó, rei do Egito, o qual o fez governador do Egito e de toda a sua casa.

II — Veio depois fome por toda a terra do Egito e de Canaã e uma grande tribulação; e os nossos pais não achavam o que comer.

12 — E tendo Jacó ouvido dizer que havia trigo no Egito, enviou a primeira vez a nossos pais;

13 —E na segunda foi conhecido José de seus irmãos e foi descoberta a Faraó a sua linhagem.

14 — E enviando José mensageiros, fez ir a seu pai Jacó e a toda sua família que constava de setenta e cinco pessoas.

15 — E Jacó desceu ao Egito e morreu ele e nossos pais.

16 — E foram transladados a Siquem e postos no monumento que Abraão tinha comprado com moeda de prata aos filhos de Hemor, filho de Siquem.

17 — E chegado ao tempo da promessa que Deus havia jurado a Abraão, cresceu o povo e se multiplicou no Egito.

18 — Até que se levantou outro rei no Egito, que não conhecia a José.

19 — E este, usando de astúcia contra a nossa nação, apertou a nossos pais para que expusessem a seus filhos, a fim de que não vivessem.

20 — Naquele mesmo tempo nasceu Moisés e foi agradável a Deus e se criou três meses na casa de seu pai.

21 — Depois, como ele fosse exposto, a filha do Faraó o levantou e o criou como seu filho.

22 — Depois foi Moisés instruído em toda a literatura dos Egípcios e era poderoso em palavras e obras.

23 — E depois que ele completou o tempo de quarenta anos, lhe veio ao coração o visitar a seus irmãos, os filhos de Israel.

24 — E como visse a um que era injuriado, o defendeu; e vingou o que padecia a injuria, matando o egípcio.

25 — E ele cuidava que seus irmãos estavam capacitados de que por sua mão os havia de livrar Deus; mas eles não o entenderam.

26 — Porém no dia seguinte, pelejando eles, se lhes manifestou e os reconciliava em paz, dizendo: Varões, irmãos sois, porque vos maltratais um ao outro?

27 — Mas o que fazia injuria a seu próximo o repeliu, dizendo: Quem te constituiu a ti príncipe e juiz sobre nós?

28 — Dar-se-á caso que tu me queiras matar, assim como mataste ontem aquele egípcio?

29 — Porém Moisés, ouvindo esta palavra, fugiu e esteve como estrangeiro na terra de Madian, onde houve dois filhos.

30 — E cumpridos quarenta anos, lhe apareceu no deserto do monte Sinai um anjo na chama de uma sarça que ardia.

31 — E vendo isto Moisés, se admirou de uma tal visão; e chegando-se ele para a examinar, se dirigiu a ele a voz do Senhor, a qual dizia:

32 — Eu sou o Deus de teus pais o Deus de Abraão, o Deus de Isaque e o Deus de Jacó. Moisés, porém, espantado, não ousava olhar.

33 — E o Senhor lhe disse: Tira os sapatos dos teus pés, porque o lugar em que estás é uma terra santa.

34 — Considerando bem, tenho visto a aflição do meu povo que reside no Egito e tenho ouvido os seus gemidos e baixei a livrá-los. Vem, pois, agora para eu te enviar ao Egito.

35 — A este Moisés, ao qual desprezaram, dizendo: Quem te fez a ti príncipe e juíz? a este enviou Deus por príncipe e redentor, por mão do anjo que lhe apareceu na sarça.

36 — Este os fez sair, obrando prodígios e milagres na terra do Egito e no mar Vermelho e no deserto, por espaço de quarenta anos·

37 — Este é aquele Moisés que disse aos filhos de Israel: Deus vos suscitará dentre vossos irmãos um profeta como eu; a ele ouvireis.

38 — Este é o que esteve entre a congregação do povo no deserto com o anjo que lhe falava no monte Sinai e com os nossos pais; que recebeu palavras de vida, para nô-las dar a nós.

39 — A quem nossos pais não quiseram obedecer, antes o repeliram, e com os seus corações se tornaram ao Egito.

40 — Dizendo a Arão: Faze-nos deuses que vão adiante de nós; porque no tocante a este Moisés que nos tirou da terra do Egito, nós não sabemos o que foi feito dele.

41 — E por aqueles dias fizeram um bezerro e ofereceram sacrifício ao ídolo e se alegraram nas obras de suas mãos.

42 — Mas Deus se apartou e os abandonou a que servissem a milícia do céu, como está escrito no livro dos profetas: Por ventura oferecestes-me vós, casa de Israel, algumas vítimas e sacrifícios, pelo espaço de quarenta anos no deserto?

43 — E recebestes a tenda de Moloch e a estrela de vosso deus Renfam, figuras que vós fizestes para as adorar. Pois eu vos farei ir para lá de Babilônia.

44 — O tabernáculo do testemunho esteve com os nossos pais no deserto assim como Deus lhe ordenou, dizendo a Moisés que o fizesse conforme o modelo que tinha visto.

45 — E nossos pais, depois de o terem recebido, o levaram debaixo da conduta de Josué à possessão dos gentios, aos quais lançou Deus fora da presença de nossos pais, até aos dias de Davi.

46 — O qual achou graça diante de Deus e pediu o achar tabernáculo para o Deus de Jacó.

47 — Mas Salomão lhe edificou a casa·

A resposta que Estevão dá a seus juízes, é uma admirável síntese da história de Israel, desde o início deste povo com o patriarca Abrão, na Mesopotâmia, região da Ásia Menor, entre os rios Tigre e Eufrates.

Mesopotâmia significa terra entre rios e é nessa região que se pensa ter começado a civilização. Dali, da cidade de Ur, na Caldéia, nasce a história de Israel com o patriarca Abraão. A região hoje é desolada e deserta e nela os arqueólogos têm encontrado documentos que comprovam os relatos bíblicos. Estevão recorda os pontos culminantes do povo hebreu até Salomão, o rei magnífico, que construiu o grande Templo; assim tenta demonstrar a seus ouvintes a intervenção da Espiritualidade Superior nos principais acontecimentos em seu caminho evolutivo, bem como que a profecia da vinda de Jesus já datava de Moisés.

> 48 — Porém o Excelso não habita em feituras de mãos, como diz o profeta.
> 49 — O céu é o meu trono e a terra, o estrado dos meus pés. Que casa me edificareis vós? diz o Senhor; ou qual é o lugar do meu repouso?
> 50 — Não fez por ventura a minha mão todas estas coisas?

A presença de Deus enche o Universo e por isso, em toda e qualquer parte, ele pode ser adorado. Ele não se confina nos templos de pedra feitos pelas mãos dos homens. Todavia, o mais belo templo que podemos oferecer ao Senhor, nosso Deus e nosso Pai, é a nossa consciência pura, imaculada.

> 51 — Homens de dura cerviz e de corações e ouvidos incircuncisos, vós sempre resistis ao Espírito Santo; assim como obraram vossos pais, assim o fazeis vós também.
> 52 — A qual dos profetas não perseguiram vossos pais? E mataram eles aos que de antemão anunciaram a vinda do Justo, do qual vós agora fostes traidores e homicidas;

Na verdade, os homens sempre resistiram ao Espírito Santo, essa legião encarregada de acender a Luz Espiritual em nosso planeta. Senão, vejamos: Já no deserto, o povo pede a Arão que lhe faça deuses, rebelando-se assim contra a Luz que Moisés lhe trazia. Vieram os profetas, reveladores da Luz, e tiveram por prêmio a morte, por terem chamado a atenção do sacerdócio organizado à compreensão de seus deveres espirituais. Veio Jesus e não teve melhor sorte; sacrificam-no também, tentando sufocar-lhe o Evangelho. Vieram em seguida as perseguições aos cristãos, os suplícios, o circo, as feras. E não pararam aí: durante a Idade Média e até os tempos bem próximos de nós, ainda era a fogueira a consumir os missionários da Verdade. E agora, atualmente, temos o Espiritismo perseguido e caluniado. E tudo por que? Por trazer Luz à humanidade. Próximos, contudo, estão os dias em que a Luz brilhará por todos os lados e em toda a parte, banindo daqui definitivamente as trevas.

53 — Vós que recebestes a lei por ministério dos anjos e a não guardastes.

De fato, os sacerdotes tem por dever guiar a humanidade para a Luz e não o fazem porque se dedicam aos bens terrestres; e onde há interesses materiais, não há espiritualidade, pelo que não podem exemplificar o Evangelho. Este versículo serve de advertência também para os espíritas, especialmente para aqueles que têm responsabilidades definidas no campo doutrinário: receberam a revelação superior do Espiritismo e devem guardá-la pelo exemplo e pelo mais puro desinteresse, o que conseguirão pela humildade e pela renúncia às coisas frívolas da vida.

54 — Ao ouvir porém tais palavras, enraiveciam-se dentro de seus corações e rangiam com os dentes contra ele.

Os sacerdotes compreenderam que estavam errados e como não lhes convinha deixar a posição cômoda em que se acastelavam, enfuceram-se. É o que fazem atualmente os adversários do Espiritismo: nada podendo contra ele, atacam-no furiosamente.

55 — Mas como ele estava cheio do Espírito Santo, olhando para o céu, viu a glória de Deus e a Jesus que estava em pé à destra de Deus. E disse: Eis estou eu vendo os céus abertos e o Filho do homem, que está em pé à mão direita de Deus.

A luta que Estevão sustentava era pela sagrada causa do Evangelho e por isso a legião do Espírito Santo o amparava. E para que ele mais confiança tivesse, à sua visão espiritual se apresenta o Mestre, em toda sua glória, como a dizer-lhe: Não temas a luta pelo Evangelho, porque eu venci a morte.

56 — Então eles, levantando uma grande grita, taparam os seus ouvidos e todos juntos remeteram a ele com furia.

Desde a primeira pregação evangélica que Jesus fez às margens luminosas do lago de Genezaré até os dias de hoje, não foram poucos os que arremeteram contra o Evangelho, tapando os ouvidos às suas sublimes lições.

57 — E tendo-o lançado para fora da cidade, o apedrejaram; e as testemunhas depuseram os seus vestidos aos pés de um moço que se chamava Saulo.

Segundo a lei de Moisés, o apedrejamento era sempre feito fora da cidade, para onde, do tribunal, o acusado era arrastado. Deparamos aqui, pela primeira vez, com Saulo que se tornará mais tarde Paulo, o apóstolo dos gentios. Quando do apedrejamento de Estevão, Paulo andaria pelos seus trinta anos de idade. Dos personagens dos primeiros tempos do Cristianismo, Paulo é um dos que mais conhecemos, tanto pela sua vida íntima, como pela influência que exerceu na difusão do Evangelho. Raríssimos gênios do Cristianismo excederam a Paulo na rapidez do pensamento, na flexibilidade da mente e na ousada originalidade de pensar; era um cidadão romano da raça judaica, nascido em Tarso, centro de cultura grega; estas três culturas: a romana, a grega e a judaica contribuíram para formar o homem que ele foi.

> 58 — E apedrejaram a Estevão que invocava a Jesus e dizia: Senhor Jesus, recebe o meu espírito.
>
> 59 — E posto de joelhos, clamou em voz alta, dizendo: Senhor não lhes imputes este pecado. E tendo dito isto, dormiu no Senhor. E Saulo era consentidor na sua morte.

Seguindo o exemplo do Mestre e consciente da vida espiritual que o aguardava, Estevão perdoa a seus algozes e roga a Deus por eles; desencarna com a consciência tranqüila, sentindo em seu íntimo que, na propagação do Evangelho, cumprira o seu dever. Saulo era consentidor na sua morte, porque era membro do sinédrio, doutor da lei, e detinha todos os poderes para perseguir os seguidores do Mestre, cujo número aumentava a olhos vistos. O zelo de Saulo pela lei de Moisés fez dele um fanático, um instrumento adequado e dócil nas mãos do sacerdócio organizado para cercear pela violência o desenvolvimento do Cristianismo que nascia.

Dividem-se em duas classes os Espíritos encarnados que sofreram as torturas das perseguições dos primeiros tempos cristãos: uma delas, composta de Espíritos devedores, falidos nas reencarnações anteriores e que, abrançando o Cristianismo, se submeteram aos suplícios para resgate do passado culposo; a outra, constituída de Espíritos já redimidos, nada devendo do passado, os quais se prontificaram na Espiritualidade a vir colaborar na implantação do Evangelho, lançando os fundamentos do Cristianismo; tais Espíritos não ignoravam as duras conseqüências com que arcariam ao se defrontar com as trevas.

CAPÍTULO VIII

O Evangelho em Samaria

1 — Naquele dia pois se moveu uma grande perseguição na igreja que estava em Jerusalém e foram todos dispersos pelas provincias da Judéia e de Samaria, exceptuando os Apóstolos.

A morte de Estevão foi o sinal para que se desencadeasse cruenta perseguição ao Cristianismo nascente. E essa perseguição deve ter sido tão intensa que obrigou a fugir de Jerusalém todos os seus aderentes: todavia ela produziu frutos de real valor por espalhar em outras terras as sementes da Luz, porquanto os adeptos, para onde iam, as semeavam. Em Jerusalém ficaram apenas os Apóstolos e seus mais diretos auxiliares, porque sobre seus ombros pesava a responsabilidade das obras assistenciais, que não podiam ser abandonadas.

2 — E uns homens timoratos trataram de enterrar a Estevão e fizeram um grande pranto sobre ele.

Era costume que vinha desde os tempos dos patriarcas o chôro sobre os mortos; para isso havia as carpideiras que se encarregavam de panteá-los e sepultá-los; foi o que fizeram com Estevão.

3 — Mas Saulo assolava a igreja, entrando pelas casas e tirando com violência homens e mulheres, os fazia meter no cárcere.

Em sua sanha contra os aprendizes do Evangelho, Saulo nada respeitava, levando a desolação e a morte até ao recesso dos lares.

4 — Portanto, os que haviam sido dispersos iam de uma parte para outra, anunciando a palavra de Deus.

Uma idéia não se combate pela violência. Para combater uma idéia é necessário que se lhe contraponha uma outra melhor. Toda idéia perseguida ganha novas forças e se propaga com rapidez; é o que vemos aqui: os fugitivos acendendo a luz do Evangelho por onde passavam.

5 — E Filipe, descendo a uma cidade de Samaria, lhes pregava a Cristo.

Este Filipe não é o apóstolo; é um dos diáconos escolhidos para servir às mesas, (6,1-7).

6 — E os povos estavam atentos ao que Filipe lhes dizia, escutando-o com o mesmo ardor e vendo os prodígios que fazia.

Filipe era médium; e através de sua mediunidade, os Espíritos do bem aliviavam os necessitados, tal qual se faz hoje nos Centros Espíritas. Ardoroso na pregação do Evangelho, transmitia a seus ouvintes o entusiasmo que o possuía, o que lhe valeu a denominação de Filipe, o evangelista.

> 7 — Porque os Espíritos imundos de muitos possessos saíam dando grandes gritos.

Os Espíritos imundos eram Espíritos obsessores; e os possessos eram pessoas obsidiadas, ou seja, perseguidas por tais Espíritos. Filipe doutrinava-os com sua palavra, sua alta moralidade, obrigando-os a se afastar de suas vítimas. Nas épocas de renovação espiritual da humanidade, multiplicam-se os casos de obsessão, como prova da imortalidade da alma. Foi o que aconteceu no tempo de Jesus e dos Apóstolos: a Providência Divina permitiu as manifestações dos Espíritos para chamar a atenção dos homens para as coisas espirituais. Nos tempos modernos, em que o Espiritismo por sua vez intensifica os trabalhos de espiritualização do mundo, novamente se manifestam os Espíritos, provando as verdades espirituais. E as manifestações mais comuns são as obsessões que despertam a curiosidade do povo para os problemas da Alma. Vemos então que a obsessão é uma doença espiritual, causada por um ou mais Espíritos obsessores; e por isso deve ser tratada espiritualmente. Quando se manifesta um caso de obsessão, o melhor é procurar um Centro Espírita, cujos diretores possuam a necessária experiência para cuidar deste gênero de enfermidade.

> 8 — E muitos paralíticos e coxos foram curados.

É a mediunidade curadora que Filipe usava a benefício dos sofredores.

> 9 — Pelo que se originou uma grande alegria naquela cidade. Havia porém nela um homem por nome Simão, o qual antes tinha ali exercitado a magia, enganando ao povo samaritano, dizendo que ele era um grande homem:
> 10 — A quem todos davam ouvidos, desde o menor até o maior, dizendo: Este é a virtude de Deus, à qual se chama grande.
> 11 — E eles o atendiam, porque com suas artes mágicas por muito tempo os havia dementado·

O povo se alegrou com os benefícios desinteressados que passou a receber através do Evangelho, ali levado por Filipe. Quanto a Simão, concluímos que era um médium, usando de sua mediunidade para satisfação de seus interesses materiais. Ele simboliza o médium interesseiro, abundante ainda hoje no campo do Espiritismo, esquecido de que a mediunidade é um dom sagrado da Espiritualidade Superior; o médium o recebe de graça para iluminação e consolo da humanidade, e de graça deve ser exercido.

12 — Porém depois que creram o que Filipe lhes anunciava do reino de Deus, iam-se batizando homens e mulheres, em nome de Jesus Cristo.

O batismo era uma cerimônia exterior pela qual se demonstrava abandonar as crenças antigas, passando-se a viver de acordo com a nova doutrina que se abraçava. Todas as seitas que se constituíram ao influxo das palavras evangélicas o adotaram. O Espiritismo não o adota, por ser o batismo uma cerimônia do passado, inútil no presente.

13 — Então creu o mesmo Simão e depois que foi batizado, andava unido a Filipe. Vendo também os prodígios e grandíssimos milagres que se faziam, todo cheio de pasmo se admirava.

Simão não se converte pelo coração, pelo sentimento; curva-se simplesmente diante dos fatos que ele não sabe explicar. Tal sucede com grande número de adeptos do Espiritismo: não o sentem no coração; correm simplesmente atrás de fenômenos, ante os quais travam discussões estéreis.

14 — Os apóstolos porém, que se achavam em Jerusalém, tendo ouvido que Samaria recebera a palavra de Deus, mandaram-lhes lá a Pedro e a João.

Apesar da perseguição, os Apóstolos continuam firmes em Jerusalém, velando para que a luz do Evangelho não se extinguisse; e à medida que o aceitam em outras regiões, supervisionam a obra que se realiza; daí decorrem suas freqüentes viagens.

15 — Os quais, como chegaram, fizeram oração por eles a fim de receberem o Espírito Santo.

16 — Porque ele ainda não tinha descido sobre nenhum, mas somente tinham sido batizados em nome do Senhor Jesus.

17 — Então punham as mãos sobre eles e recebiam o Espírito Santo.

Chamavam os Apóstolos não só para que verificassem a obra evangélica que se realizava fora de Jerusalém, e também que transmitissem o Espírito Santo, ou seja, a mediunidade que desabrochava entre os novos profitentes; no princípio acreditavam que só os Apóstolos, os que tiveram contato direto com Jesus, é que podiam comunicar este dom.

18 — E quando Simão viu que se dava o Espírito Santo por meio da imposição das mãos dos Apóstolos, lhes ofereceu dinheiro.

19 — Dizendo: Dai-me também a mim este poder que, qualquer a quem eu impuser as mãos, receba o Espírito Santo. Mas Pedro lhe disse:

20 — O teu dinheiro pereça contigo; uma vez que tu te persuadiste que o dom de Deus se podia adquirir com dinheiro.

21 — Tú não tens parte, nem sorte alguma que pretender neste ministério; porque o teu coração não é reto diante de Deus.

22 — Faze pois penitência desta tua maldade e roga a Deus que, se é possível, te seja perdoado este pensamento do teu coração.

23 — Porque eu vejo que tu estás num fel de amargura e preso em laços de iniqüidade.

24 — E respondendo Simão, disse: Rogai por mim ao Senhor, para que não venha sobre mim nenhuma coisa das que haveis dito.

O interesse de Simão era fazer da mediunidade uma fonte de renda; Pedro, que lhe percebe as intenções, concita-o a extirpar do coração tão indigno desejo, que poderá conduzi-lo a sofrimentos.

Não julguemos que a mediunidade nos foi concedida para simples passatempo, ou para satisfação de nossos caprichos; em nenhuma circunstância, façamos dela o nosso ganha-pão. Infeliz do médium que utiliza sua mediunidade, visando interesse terreno! Mal aventurado de quem procurar trocar por dinheiro os dons de Deus! A mediunidade é coisa santa e com ela suavizaremos as dores alheias; é a melhor maneira de praticarmos a caridade espiritual: cooperando com os Espíritos curadores, o médium concorre para o alívio daqueles que sofrem; e como instrumento dos Espíritos educadores, contribui para o adiantamento moral da humanidade. Ao desenvolver nossa mediunidade, lembremo-nos de que ela nos foi concedida para:

a) facilmente conquistar a Perfeição;

b) suavemente corrigir pesados erros de encarnações anteriores;

c) servir de guias a irmãos mais atrazados.

Daremos de graça o que de graça recebermos; jamais trocaremos por algumas moedas o que a misericórdia de Deus quiser fazer a qualquer um de seus filhos, por nosso intermédio.

25 — E eles, depois de terem testemunhado com efeito e anunciado a palavra do Senhor, tornavam já para Jerusalém e pregavam por muitos lugares dos samaritanos.

Naqueles tempos viajava-se comumente a pé; assim estavam indo Pedro e João, o que lhes permitia pregarem o Evangelho por todo o trajeto.

Filipe e o eunuco

26 — E o anjo do Senhor falou a Filipe, dizendo: Levanta-te e vai contra o meio-dia, em direitura ao caminho que vai de Jerusalém a Gaza; esta se acha deserta.

27 — E ele, levantando-se, partiu. E eis que um varão etíope, eunuco, valido de Candace, rainha da Etiópia o qual era superintendente de todos os seus tesouros, tinha vindo a Jerusalém para fazer a sua adoração.

28 — E voltava já, assentado sobre o seu coche e ia lendo o profeta Isaias.

29 — Então disse o Espírito a Filipe: Chega e ajunta-te a este coche.

30 — E correndo logo Filipe, ouviu que o eunuco lia o profeta Isaias e lhe disse: Crês porventura que entendes o que estás lendo?

31 — Ele lhe respondeu: Como o poderei eu entender, se não houver alguém que mo explique? E rogou a Filipe que montasse e se assentou com ele.

Através de sua mediunidade, Filipe estava em contato com seu guia ou protetor espiritual, o qual lhe sugeriu a tarefa. Ordenou-lhe que fosse em direção do sul, a caminho de Gaza, para se encontrar com o eunuco que voltava a seu país. Como sua nação, a Etiopia, tinha adotado a lei de Moisés, era oportuno que ela ficasse ao par da vinda do Senhor. Mostrando-lhe Filipe que se tinha cumprido o que Isaias profetizava, o eunuco levaria para sua terra as notícias de Jesus, preparando assim o terreno para o Evangelho.

32 — Ora a passagem da Escritura que lia, era esta: Como a ovelha foi levado ao matadouro; e como cordeiro mudo diante do que o tosquia, assim ele não abriu a sua boca.

33 — No seu abatimento o seu juízo foi exaltado. Quem poderá contar a sua geração, pois que a sua vida será tirada da Terra?

34 — E respondendo o eunuco a Filipe, disse: Rogo-te que me digas de quem disse isto o profeta? de si mesmo ou algum outro?

35 — E abrindo Filipe a sua boca e principiando por esta Escritura, lhe anunciou a Jesus·

Isaias é o primeiro dos chamados profetas maiores; era filho de Amós, da tribo de Judá e exerceu o seu ministério em Jerusalém durante quarenta anos, de 740 a 701 A.C.; suas profecias referentes ao nascimento, à vida e à morte de Jesus são de uma realidade impressionante. Comentando os versículos acima, Filipe demonstrou-lhe que aquelas profecias se cumpriram na pessoa de Jesus.

36 — E continuando eles o seu caminho, chegaram a um lugar onde havia água e disse o eunuco: eis aqui esta água; que embaraço há, para que eu não seja batizado?

37 — E disse Filipe: Se crês de todo o coração, bem podes. E ele, respondendo disse, Creio que Jesus Cristo é filho de Deus.

38 — E mandou parar o coche; e desceram os dois à água, Filipe e o eunuco, e o batizou.

O ministro da rainha, para provar-lhe que abraçava a nova lei, o Evangelho, requer-lhe a cerimônia tradicional do batismo. (Sobre o batismo, ver nosso comentário ao versículo 12 deste capítulo; e também aos versículos 13 a 17, do capítulo III do "O Evangelho dos Humildes", de nossa autoria).

39 — E tanto que eles saíram da água, arrebatou o Espírito do Senhor a Filipe e o eunuco não o viu mais. Porém continuava o seu caminho cheio de prazer.

Estamos diante de um fenômeno de transporte, que se obtém pela mediunidade de efeitos físicos. É raríssimo em se tratando de transportar pessoas; relativamente comum quanto a pequenos objetos, principalmente flores, como acontece nas sessões experimentais para estudos da mediunidade.

40 — Mas Filipe se achou em Azot e indo passando, pregava o Evangelho em todas as cidades, até que veio a Cesaréia.

Azot não era longe do ponto em que Filipe foi separado do eunuco; e semeando a palavra pela orla marítima, chegou a Cesaréia onde fixou residência.

CAPÍTULO IX
A conversão de Saulo no caminho de Damasco

1 — Saulo, pois, respirando ainda ameaças e morte contra os discípulos do Senhor, se apresentou aos príncipes dos sacerdotes.

2 — E lhes pediu cartas para as sinagogas de Damasco, com o fim de levar presos a Jerusalém quantos achasse desta profissão, homens e mulheres.

Sabedor de que nas cidades vizinhas era pregado o Evangelho por aqueles que escaparam da perseguição em Jerusalém, Saulo resolveu estender sua ação a essas cidades; desejava não só acabar com os novos núcleos, mas também apanhar os fugitivos.

3 — E indo ele seu caminho, foi coisa factível que se avizinhasse a Damasco; e subitamente o cercou uma luz vinda do céu.

4 — E caindo em terra ouviu uma voz que lhe dizia: Saulo, Saulo, por que me persegues?

É nas proximidades de Damasco que Saulo recebe o convite de Jesus, para que ele se torne um trabalhador de sua seara. Saujo viu e ouviu o Mestre, como ele próprio o refere na sua primeira carta aos Corintios, capítulo 15, versículo 8. Notemos aqui a brandura de Jesus: continuando a ser perseguido nas pessoas de seus discípulos e nas dos seus aprendizes, não acusa Saulo, o seu principal perseguidor; apenas lhe pergunta qual o motivo de semelhante perseguição. É esta mais uma lição para nós, espíritas: embora não soframos perseguições sangrentas, contudo a campanha das trevas contra a Luz é intensa. Todavia, não nos revoltemos; limitemo-nos a perguntar docemente: Por que nos perseguem? Por que querem apagar a luz com que o Espiritismo veio iluminar o mundo?

5 — Ele disse: Quem és tu, Senhor? E ele lhe respondeu: Eu sou Jesus, a quem tu persegues; dura coisa é para ti recalcitrar contra o aguilhão·

Desde o seu encontro com Estevão que Saulo é convidado a banhar-se nas claridades do Evangelho; tudo o levava a abraçar a sagrada causa de Jesus: seu conhecimento profundo da lei de Moisés e por isso mesmo de todas as profecias atinentes ao advento do Senhor; e o movimento renovador que se notava no seio do povo, ansioso por algo mais elevado em matéria de religião. Mas Saulo recalcitrava contra o aguilhão, ou seja, não atendia ao chamado. Acontece o mesmo com o Espiritismo: suas claridades renovadoras convocam todos os homens a encetarem a caminhada rumo a formas mais elevadas da vida, mas recalcitram. Os portadores de mediunidade, em lugar de desenvolver sua mediunidade e por-se ao serviço do Senhor, tudo fazem para fugir do trabalho divino ao qual os aguilhões os compelem.

6 — Então, tremente e atônito, disse: Senhor, que queres tu que eu faça?

Este encontro é decisivo para Saulo; ele compreende de relance onde está a Verdade; e, compreendendo, não resiste mais ao aguilhão; entrega-se de corpo e alma à revelação maior, ao Evangelho; e não discute: pede ao Mestre que ordene e ele lhe obedecerá

7 — E o Senhor lhe respondeu: Levanta-te e entra na cidade e aí se te dirá o que te convém fazer. A este tempo aqueles homens que o acompanhavam, estavam espantados, ouvindo sim a voz mas sem ver ninguém.

Aqueles mesmos que Saulo ia prender, serão os que lhe mostrarão o que lhe será conveniente fazer, isto é, iniciá-lo-iam nos trabalhos do Evangelho, por ordem do Senhor.

É de notar que só Saulo vê Jesus; os companheiros que lhe compunham a comitiva, nada vêem, conquanto percebam que se passava algo de insólito. É esta uma grande lição para nós: quando agraciados por uma compreensão superior da vida, não esperemos que os que nos rodeiam nos compreendam de imediato; entretanto, é mister esclarecê-los na medida que nos puderem compreender.

8— Levantou-se pois Saulo da terra e tendo os olhos abertos não via nada. Eles, porém, levando-o pela mão, o introduziram em Damasco.

9 — E ali esteve três dias sem ver e não comeu nem bebeu.

A cegueira temporária de Saulo fez com que ele reentrasse em si mesmo, meditasse sobre seu passado e se preparasse para o futuro de lutas que o aguardava e gravasse no imo de seu ser a figura inolvidável de Jesus, que se lhe mostrara na estrada de Damasco; e imerso em profunda meditação, consumiu três dias na mais rigorosa disciplina espiritual.

Quando formos chamados a servir na seara do Senhor e assim convocados para as tarefas da Espiritualidade Superior, reentremos em nós mesmos, meditemos profundamente, submetamo-nos à rigorosa disciplina espiritual e depois abracemos a tarefa, dispostos a desempenhá-la o melhor que nos for possível.

10 — Ora em Damasco havia um discípulo, que tinha por nome Ananias; e o Senhor, numa visão, lhe disse: Ananias. E ele acudiu dizendo: Eis-me aqui, Senhor.

11 — E o Senhor lhe tornou: Levanta-te e vai ao bairro que se chama Direito e busca em casa de Judas a um de Tarso, chamado Saulo; porque ei-lo aí está orando.

12 — (E viu um homem por nome Ananias, que entrava e que lhe impunha as mãos para recobrar a vista.)

Ananias era médium; através de sua mediunidade, recebe o aviso para ir em busca de Saulo que se acha hospedado na estalagem de Judas, onde se recolhera ao chegar cego a Damasco. Imerso em oração, Saulo tem uma visão mental e compreende que alguém o virá socorrer em nome do Senhor. Notemos o poder da oração; as orações sinceras nunca ficam sem resposta do Plano Superior.

13 — Respondeu pois Ananias: Senhor, eu tenho ouvido dizer a muitos a respeito deste homem, quantos males fez aos teus santos em Jerusalém;

14 — E este tem poder dos príncipes dos sacerdotes de prender a todos aqueles que invocam o teu nome.

Saulo era conhecido como um perseguidor feroz; sua fama se espalhara por toda a parte; os discípulos e demais aprendizes do Evangelho temiam-no; custava-lhes crer em sua conversão, o que só aconteceu depois de seus rigorosos testemunhos em prol da sagrada causa.

15 — Mas o Senhor lhe disse: Vai, porque este é para mim um vaso escolhido para levar o meu nome diante das gentes e dos reis e dos filhos de Israel.

16 — Porque eu lhe mostrarei quantas coisas lhe é necessário padecer pelo meu nome.

Ao convocar Saulo para os trabalhos evangélicos, Jesus mais uma vez nos dá uma lição de perdão e de misericórdia: perdoava-lhe a cruel perseguição que ele movera contra o Evangelho e usava de misericórdia para com ele, não o deixando perder o resto dos seus dias nas teias escuras do mal, concedendo-lhe oportunidade de redimir-se dos males que causara. Mas para isso era preciso que ele contribuisse com seus esforços, com suas dores, com suas lutas para que triunfasse a doutrina redentora.

E foi o que Saulo fez.

Tirou o Evangelho de Jerusalém e, através de lutas acerbas, universalizou-o.

Atualmente os espíritas são os vasos escolhidos para levar as verdades espirituais a todos; cumpre-lhes esforçarem-se, lutarem, renunciarem, para que bem possam atender as inspirações da Espiritualidade Superior no arrotear da grande seara; e assim fazendo cooperam com o Senhor e corrigem erros de encarnações anteriores.

17 — E foi Ananias e entrou na casa; e pondo as mãos sobre ele, disse: Saulo irmão, o Senhor Jesus que te apareceu no caminho por onde vinhas, me enviou para que recobres a vista e fiques cheio do Espírito Santo.

18 — E no mesmo ponto lhe caíram dos olhos umas como escamas e assim recuperou a vista: e levantando-se foi batizado.

19 — E depois que tomou alimento, ficou então com as forças recobradas. Alguns dias porém, esteve com os discípulos que se achavam em Damasco.

É digna de nota a humildade de Ananias e a singeleza de suas palavras: apresenta-se em nome de Jesus para cumprir a ordem que dele recebera; conquanto soubesse da ação nefasta de Saulo, envolve-o numa vibração de amor e carinho e transmite-lhe o passe benéfico que lhe restitui a vista. Dizendo-lhe que ficava cheio do Espírito Santo é como se lhe dissesse que daquela hora em diante estava à disposição dos Espíritos do Senhor para os labores da evangelização. Ao se desfazerem os pesados fluidos que lhe tolhiam a visão, Saulo tem a impressão de lhe cair dos olhos umas como que escamas. Quanto ao batismo, ver nossos comentários ao versículo 12, cap. 8 e "O Evangelho dos Humildes" capítulo III versículos 13 a 17.

Imerso em profunda meditação, há três dias que Saulo não se alimenta: reacendendo-se-lhe a esperança e tendo já traçado em seu íntimo novo programa de vida, alimenta-se e põe-se de pé para o bom combate. Fica em Damasco alguns dias, e estuda o Evangelho no grupo presidido por Ananias.

O perseguidor é perseguido

20 — E logo pregava nas sinagogas a Jesus, que este era o Filho de Deus.

Com o mesmo ardor com que antes se consagrara a Moisés, Saulo agora se dedica a Jesus, ansioso por levar a Boa Nova a todos os homens. Tal acontece conosco ao ser iluminados pelo Espiritismo: somos possuidos do sublime entusiasmo de esclarecer a humanidade.

21 — E pasmavam todos os que o ouviam e diziam: Pois não é este o que perseguia em Jerusalém aos que invocavam este nome? e ao que veio cá, não foi para os levar presos aos príncipes dos sacerdotes?

Saulo foi pregar na sinagoga dos judeus e esbarrou logo com a intransigência deles, os quais não admitiam que o chefe da perseguição se bandeasse com os perseguidos.

22 — Porém Saulo muito mais se esforçava e confundia os judeus que habitavam em Damasco, afirmando que este era o Cristo.

Saulo, inteiramente baseado nas Escrituras, trabalhava por demonstrar-lhes que o Messias prometido era Jesus Cristo que tinham crucificado.

23 — E passado muitos dias, os judeus juntos tiveram conselho para matá-lo.

24 — Porém Saulo foi advertido das suas ciladas. Guardavam pois até as portas de dia e de noite, para o matarem.

25 — E tomando conta dele, os discípulos de noite o deslizaram pela muralha, metendo-o numa cesta.

Entretanto, os judeus, aferrados à lei de Moises, não aceitavam a interpretação de Saulo a respeito de Jesus; e resolvem matá-lo. Temendo que lhes escapasse, guardavam as portas da cidade. Sabedores disso, os discípulos fazem Saulo entrar numa cesta grande e por meio de cordas o descem do lado de fora das muralhas e ele foge. Como quase todas as cidades daquele tempo, Damasco era protegida por muralhas. Ainda hoje existe uma parte delas, por onde, dizem, Saulo se salvou.

26 — Tendo porém chegado a Jerusalém, procurava Saulo ajuntar-se com os discípulos, mas todos o temiam, não crendo que ele fosse discípulo.

A perseguição que Saulo movera, era recente; estava viva na memória deles, para que o pudessem receber sem desconfiança; temiam-no, julgavam que lhes preparava alguma cilada.

27 — Então Barnabé, levando-o consigo, o apresentou aos Apóstolos; e lhes contou como havia visto o Senhor no caminho e que lhe havia falado e como depois em Damasco ele se portara com toda a liberdade em nome de Jesus.

Barnabé é o introdutor de Saulo na comunidade dos Apóstolos; tendo-o procurado previamente, inteirou-se de seus propósitos e convenceu-se desua sinceridade; diante de seu testemunho, não tiveram mais dúvidas em recebê-lo.

28 — E estava com eles em Jerusalém, entrando e saindo e portando-se em liberdade em nome do Senhor.

29 — Falava também com os gentios e disputava com os gregos; mas eles tratavam de o matar.

30 — O que tendo sabido os irmãos, o acompanharam até Cesaréia e o enviaram a Tarso.

31 — Tinha então paz a igreja por toda a Judéia e Galiléia e Samaria e se propagava caminhando no temor do Senhor e estava cheia da consolação do Espírito Santo.

O ambiente de Jerusalém não era propício a Saulo; as perseguições que movera, deixaram fundas cicatrizes; seus antigos companheiros do sinédrio não lhe perdoavam a conversão; todos o encaravam receiosos. E Saulo, de comum acordo com os Apóstolos, recolhe-se a Tarso, sua cidade natal, onde viverá na obscuridade por três longos anos. A perseguição estacionara; gozavam de relativa paz, que era aproveitada para a semeadura.

Cura de Eneas; ressurreição de Tabita

32 — Aconteceu pois que, andando Pedro visitando a todos, chegou aos santos que habitavam em Lida

Lida era uma cidadezinha próxima a Jerusalém, onde já havia núcleos evangélicos. Sempre que seus pesados deveres o permitiam, Pedro visitava os outros grupos, reforçando-os na fé. Denominavam-se santos as pessoas virtuosas, religiosas.

33 — E achou ali um homem por nome Eneas, que havia oito anos jazia em um leito, porque estava paralítico.

34 — E Pedro lhe disse: Eneas, o Senhor Jesus Cristo te sara: levanta-te e faze tua cama. E num momento se levantou·

35 — E viram-no todos os habitantes em Lida e em Sarona; os quais se converteram ao Senhor.

Sob a inspiração do Alto e usando sua mediunidade curadora, Pedro efetua curas a exemplo de Jesus; todavia, dando provas de profunda humildade, não atribui a si o mérito e sim a Jesus; desse modo, despertava a atenção do povo para o Evangelho e muitos o aceitavam.

36 — Houve também em Jope uma discípula por nome Tabita, que quer dizer Dorcas. Esta sa achava cheia de boas obras e de esmolas que fazia.

37 — E aconteceu naqueles dias que, depois de cair enferma, morresse. A qual tendo-a primeiro lavado, a puzeram num quarto alto.

38 — E como Lida estava perto de Jope, ouvindo que Pedro se achava lá, enviaram-lhe dois homens, rogando-lhe: Não te demores em vir ter conosco.

39 — E levantando-se, Pedro foi com eles. E logo que chegou o levaram ao quarto alto: e o cercaram todas as viúvas, chorando e mostrando-lhe as túnicas e os vestidos que lhe fazia Dorcas.

40 — Mas Pedro, tendo feito sair a todos para fora, pondo-se de joelhos, entrou a orar; e depois de se ter voltado para o corpo, disse: Tabita, levanta-te. E ela abriu os seus olhos e vendo a Pedro se assustou·

41 — Mas ele a fez levantar, dando-lhe a mão. Havendo chamado os santos e as viúvas, lha entregou viva.

42 — E este caso se fez notório por toda Jope e foram muitos os que creram no Senhor.

Para que entendamos a ressureição de Tabita, ao influxo das preces humildes de Pedro, recorramos às explicações que nos dá Allan Kardec em seu livro "A Gênese", capítulo XV,, parágrafo n.º 39, "Os milagres no Evangelho", comentando a ressureição da filha de Jairo e a do filho da viúva de Naim, ambas operadas por Jesus:

"Contrário seria às leis da natureza e portanto milagroso, o fato de volver à vida corpórea um indivíduo que se achasse realmente morto. Ora, não há mister se recorra a essa ordem de fatos, para se ter a explicação das ressurreições que Jesus operou.

"Se mesmo na atualidade, as aparências enganam por vezes os profissionais, quão mais freqüentes não seriam os acidentes daquela natureza, num país onde nenhuma precaução se tomava contra eles, e onde o sepultamento era imediato. É pois de todo ponto provável que, nos dois casos acima, apenas houvesse síncope ou letargia. O próprio Jesus declara positivamente com relação à filha de Jairo: A menina não está morta mas dorme.

"Dado o poder fluídico que ele possuía, nada de espantoso há em que esse fluido vivificante, acionado por uma vontade forte, haja reanimado os sentidos em torpor; que haja mesmo feito voltar ao corpo o Espírito prestes a abandoná-lo, uma vez que o laço perispirístico ainda se não rompera definitivamente. Para os indivíduos daquela época, que consideravam morta a pessoa que deixara aparentemente de respirar, havia ressurreição em tais casos; mas o que na realidade havia era cura e não ressurreição, na acepção legítima do termo".

43 — E aconteceu que Pedro se deixou ficar em Jope por muitos dias em casa dum curtidor de peles, chamado Simão.

O ofício de curtidor de peles era um dos mais humílimos que havia e mesmo eram desprezados os que a ele se dedicavam. Hospedando-se ali, Pedro nos lega um exemplo de humildade, convivendo com os pequeninos, virtude que deve ornar os que se dedicam ao Evangelho.

CAPÍTULO X

O Centurião Cornélio

1 — Havia pois em Cesaréia um homem, por nome Cornélio, que era centurião da coorte que se chama italiana.

2 — Cheio de religião e temente a Deus com toda sua casa, que fazia muitas esmolas ao povo e que estava orando a Deus incessantemente.

Como os romanos dominassem a Judéia, mantinham nas principais cidades e pontos estratégicos os seus soldados. Uma côorte era composta de cem soldados, ou seja, a décima parte de uma legião; e o centurião era o comandante da côorte. O Evangelho já começava a ser aceito pelos outros povos; e os que o abraçavam, procuravam mitigar os sofrimentos humanos pelas boas obras e pelas preces.

3 — Este viu uma visão manifestamente, quase à hora de noa, que um anjo de Deus se apresentava diante dele e lhe dizia: Cornélio.

Era por volta das três horas da tarde, quando Cornélio viu o anjo que o chamava; o qual lhe apareceu em pleno dia para que Cornélio não duvidasse.

O Espiritismo nos ensina que anjos são assim denominados os Espíritos adiantados que cooperam com o Senhor; este era um dos trabalhadores espirituais do Evangelho. Quanto ao fenômeno da aparição, eis as instruções de Allan Kardec em seu livro "A Gênese", capítulo XVI, parágrafo 35 e seguintes:

"Para nós o perispírito no seu estado normal é invisível; mas como é formado de substância etérea, o Espírito, em certos casos, pode, por um ato da vontade, fazê-lo passar por uma modificação molecular, que o torna momentaneamente visível. É assim que se produzem as aparições, que não se dão fora das leis da natureza, do mesmo modo que os outros fenômenos. Nada tem esse de mais extraordinário do que o vapor que, quando muito rarefeito é invisível, mas que se torna visível uma vez condensado.

"Conforme o grau de condensação do fluido perispirital, a aparição é às vezes vaga e vaporosa; doutras, enfim, com todas as aparências da matéria tangível. Pode mesmo chegar até à tangibilidade real, ao ponto de o observador se enganar com relação à natureza do ser que tem diante de si".

4 — E ele fixando nele os olhos, possuído de temor disse: Que é isto, Senhor? Ele porém lhe respondeu: "As tuas orações e as tuas esmolas subiram, para ficarem em lembrança na presença de Deus".

As orações sinceras e justas e o bem que obramos ficam registradas nos planos superiores de onde, no devido tempo, produzirão seus frutos.

5 — Envia pois agora homens a Jope e faze vir aqui um certo Simão, que tem por sobrenome Pedro;

6 — Este se acha hospedado em casa de um certo Simão, curtidor de peles, cuja casa fica junto ao mar; ele te dirá o que te convém fazer.

O Espírito diz a Cornélio que Pedro lhe diria o que lhe convinha fazer; isto porque Cornélio e seus familiares já estavam preparados para receber o Evangelho; faltava-lhes apenas quem os iniciasse.

Quando chega nossa hora de trilhar caminhos novos em demanda à Espiritualidade Superior, recebemos sempre um chamado, o qual nos pode vir por meio duma manifestação ostensiva, como a

70

de Cornélio; por uma leitura, por um fato que observamos ou do qual tivemos conhecimento, por uma simples palestra com um amigo, etc. etc. A Providência Divina dispõe de mil modos para nos chamar a uma vida superior. Porém, quando os meios suaves falharem e continuamos surdos aos avisos do Alto, vem a dor e ela rasga a capa da indiferença sob a qual nós nos acobertamos. O Espiritismo e o Evangelho são, então, nosso caminho, nosso refúgio e nosso remédio: o primeiro nos descerrando as realidades da vida além-túmulo; e o segundo nos suavizando o coração.

7 — E logo que se retirou o anjo que lhe falava, chamou a dois dos seus domésticos e um soldado temente a Deus, daqueles que estavam às suas ordens.

8 — E havendo-lhes contado tudo isto, os enviou a Jope·

Obedecendo às ordens do Espírito, Cornélio se apressa a enviar mensageiros a Jope. Por lhes haver narrado o sucedido, percebe-se que também os soldados partilhavam de sua crença, o que garantia um bom desempenho da missão que lhes confiava. Por aqui vemos a responsabilidade que pesa nos ombros dos que ocupam cargos elevados na mordomia terrena; seus subordinados são geralmente levados a compartilharem de suas idéias, a seguir seus exemplos, a tomá-los como modelos, enfim; é uma oportunidade que o Senhor lhes concede de influírem favoravelmente sobre todos os que lhe estão abaixo ou são seus dependentes.

9 — E ao dia seguinte, indo eles seu caminho o estando já perto da cidade, subiu Pedro ao alto da casa a fazer oração, perto da hora sexta.

Era quase meio-dia e Pedro se retirou para orar; para isso procurou um lugar sossegado onde pudesse entregar-se por alguns instantes à prece e à meditação. O alto da casa era o terraço que a cobria.

É bom desenvolvermos também o hábito da prece e da meditação, para o que reservemos alguns minutos diários. Sobre a prece, eis o que Allan Kardec, no "O Livro dos Espíritos" nos diz na observação à pergunta 662: "O pensamento e a vontade representam em nós um poder de ação que alcança muito além dos limites de nossa esfera corporal. A prece que façamos por outrem é um ato dessa vontade;

se for ardente e sincera, pode chamar em auxílio daquele por quem oramos, os bons Espíritos, que lhe virão sugerir bons pensamentos e dar-lhe a força de que necessitam em seu corpo e em sua alma".

10 — E como tivesse fome, quis comer, Mas ao tempo que lho preparavam, sobreveio-lhe um rapto de espírito.

11 — E viu o céu aberto e que descendo um vaso, como uma grande toalha, suspenso pelos quatro cantos, era feito baixar do céu à terra.

12 — No qual havia de todos os quadrúpedes e dos répteis da terra e das aves do céu.

13 — E foi dirigida a ele uma voz que lhe disse: Levanta-te, Pedro, mata e come.

14 — E disse Pedro: Não Senhor, porque nunca comi coisa alguma comum ou imunda.

15 — E a voz lhe tornou segunda vez a dizer: Ao que Deus purificou não chames tu comum.

16 — E isto se repetiu até três vezes e logo o vaso se recolheu ao céu.

A visão de Pedro é um símbolo do qual a Espiritualidade Superior se serviu para indicar-lhe que, diante do Evangelho, não haveria acepção de pessoas, de raças, ou de nações; todas, incondicionalmente, seriam convocadas a participar de suas luzes O Evangelho não seria uma lei restrita a um povo, como o era a lei de Moisés; seria uma lei para todos os povos da Terra, uma lei universal. Essa visão predispôs Pedro, que soube compreendê-la, a receber os enviados de Cornélio e a atender-lhe o chamado.

17 — E enquanto Pedro entre si duvidava sobre o que seria a visão que havia visto, eis que os homens que Cornélio tinha enviado, perguntando pela casa de Simão, chegaram à porta.

18 — E havendo chamado, perguntavam se ali estava hospedado Simão que tinha por sobrenome Pedro·

19 — E considerando Pedro na visão, lhe disse o Espírito: Eis aí três homens que te procuram.

20 — Levanta-te pois, desce, e vai com eles sem duvidar; porque eu sou o que os enviei.

21 — E descendo Pedro para ir ter com os homens, lhes disse: Aqui me tendes, que eu sou a quem buscais; qual é a causa por que aqui viestes?

22 — Responderam eles: O centurião Cornélio, homem justo e temente a Deus que disto mesmo logra o testemunho de toda

a nação dos judeus, recebeu resposta do santo anjo, que te mandasse chamar á tua casa, e que ouvisse as tuas palavras.

23 — Pedro pois, fazendo-os entrar, os hospedou. E levantando-se ao dia seguinte, partiu com eles; e alguns dos irmãos, que viviam em Jope o acompanharam.

Assistimos aqui a fenômenos mediúnicos: Pedro, imerso na oração e meditando na visão que tivera, ouve com facilidade a voz do Espírito. O recolhimento, a meditação, a oração, fazem com que melhor captemos as intuições que nossos diretores espirituais nos desejam dar, com vistas ao trabalho que estamos desenvolvendo na Terra, quer como médiuns, quer como doutrinadores, quer como pregadores, ou qualquer outra tarefa que nos couber na seara. Observemos também a obediência de Pedro que, uma vez confirmadas as instruções recebidas, com bom ânimo recebe os mensageiros e dispõe-se a seguí-los.

24 — E ao outro dia depois entrou em Cesaréia. E Cornélio os estava esperando, havendo convidado já os seus parentes e mais íntimos amigos.

25 — E aconteceu que, quando Pedro estava para entrar, saiu Cornelio a recebê-lo; e prostrando-se a seus pés, o adorou.

26 — Mas Pedro o levantou dizendo: Levanta-te, que eu também sou homem.

27 — E entrou falando com ele e achou muitos que haviam concorrido.

Tanto Pedro como Cornélio nos dão aqui um exemplo de humildade: Cornélio percebendo em Pedro um Espírito superior ao qual devia respeito; e Pedro fazendo-se pequenino, igual aos pequeninos que o rodeavam. No campo do Espiritismo e do Evangelho, jamais aceitemos quaisquer homenagens, lembrados de que somos servos inúteis, mal cumprindo os nossos deveres.

28 — E lhes disse: Vós sabeis como é abominável para um homem judeu o ajuntar-se ou unir-se a um estrangeiro; mas Deus me mostrou que a nenhum homem chamasse comum ou imundo·

Realmente, diante de Deus nosso Pai, ninguém é comum ou imundo, nem há raça mais privilegiada que outra. Devemos ver em cada pessoa um nosso irmão que merece nosso carinho, o nosso respeito e a nossa consideração. Todos nós somos filhos do mesmo Pai, com os mesmos direitos e com as mesmas responsabilidades. Pela lei da reencarnação, poderemos ocupar quaisquer das posições na Terra e também reencarnar em outros paises e em outras raças. O Evangelho nos ensina a quebrar todos os preconceitos que nos separam, obedientes à lei do Amor que nos devemos uns aos outros.

29 — Por isso, sem dúvida, vim logo assim que fui chamado. Pergunto pois: Por que causa me chamastes?

30 — E disse Cornélio: Hoje faz quatro dias que estava orando em minha casa, à hora de noa, e eis que se me pôs diante um varão vestido de branco e me disse:

31 — Cornélio, a tua oração foi atendida e as tuas esmolas foram lembradas na presença de Deus.

32 — Manda pois a Jope, e faze vir a Simão, que tem por sobrenome Pedro; ele está hospedado em casa de Simão, curtidor de peles, à borda do mar.

33 — Em conseqüência disto enviei logo a buscar-te e tu fizeste bem em vir. Agora, porém, nós todos estamos na tua presença, para ouvir todas as coisas quantas o Senhor ordenou que nos dissesses.

Pedro não duvidou em ir ter com Cornélio, o qual o esperava com todos os seus, ansiosos por conhecer o Evangelho, a fim de consolidar a fé que já possuiam; confiavam muito na inspiração de Pedro, tendo-o por um enviado do Senhor.

34 — Então Pedro, abrindo a sua boca, disse: Tenho na verdade alcançado que Deus não faz acepção de pessoas;

35 — Mas que em toda a nação aquele que o teme e obra o que é justo, esse lhe é aceito.

Deus é o Pai Altíssimo e todos nós somos seus filhos. A humanidade constitui uma única família, sob as vistas de Deus O Pai não tem preferência por nenhum de seus filhos e trata a todos de igual modo, mediante suas leis justas e sábias. Essas leis trazem felicidade aos filhos que as respeitam e obrigam os filhos recalcitrantes a se reajustar a elas.

36 — Deus enviou sua palavra aos filhos de Israel, anunciando-lhes a paz por meio de Jesus Cristo (este é o Senhor de todos).

A palavra que o Pai nos enviou é o Evangelho e seu mensageiro foi Jesus. Ele é o Senhor de todos, porque a ele esta afeto o governo espiritual da Terra, como Espírito que já alcançou a perfeição.

O Evangelho nos anuncia a paz, porque quando ele for praticado por todos os povos, não mais haverá guerras fratricidas e sim fraternidade entre as nações. Contudo, desde já ele felicita os lares onde é praticado, suavizando o sofrimento e desenvolvendo a compreensão e boa vontade entre todos os membros da família.

37 — Vós sabeis que a palavra foi enviada por toda a Judéia; pois começando desde a Galiléia, depois do batismo que pregou João.

O Evangelho primeiramente devia ser pregado por toda a Judéia, porque seu povo estava preparado para recebê-lo; dali se espalharia pelo mundo, conquistando outros povos.

38 — Sabeis que a palavra mencionada é Jesus de Nazaré; como Deus o ungiu do Espírito Santo e de virtude, o qual andou fazendo o bem e sarando a todos os oprimidos do diabo, porque Deus era com ele.

Os ensinamentos que o Espiritismo nos trouxe, nos revelam que Jesus é o Supremo Orientador da coletividade terrena; Deus lhe confiou a Terra e o destino de seus habitantes. Para que cheguemos à perfeição e para que a Terra se torne um planeta feliz, Jesus nos trouxe o Evangelho, o qual nada mais é do que o regulamento moral que devemos observar a todos os instantes de nossa vida.

Os oprimidos do diabo são aqueles que se deixam envolver pelas sugestões dos Espíritos ignorantes, que se comprazem no mal. A aplicação do Evangelho em nosso viver diário é uma forte defesa contra eles, quer sejam encarnados, quer sejam desencarnados.

39 — E nós somos testemunhas de tudo quanto fez na região dos judeus e em Jerusalém; ao qual eles mataram, pendurando-o num madeiro.

40 — A este ressuscitou Deus ao terceiro dia e quis que ele se manifestasse·

41 — Não a todo o povo, mas às testemunhas que Deus havia ordenado antes; a nós que comemos e bebemos com ele, depois que ressuscitou dentre os mortos.

Os Apóstolos testemunharam os atos de Jesus, inclusive sua morte; em seguida, Jesus apareceu-lhes várias vezes, provando-lhes que não há morte. Deixando o corpo carnal que vai desfazer-se no sepulcro, o Espírito revive no mundo espiritual, onde continua a viver normalmente. E assim Jesus os preparou a fim de que não fraquejassem na ingente tarefa que lhes foi proposta: a de assentarem as bases do Cristianismo.

42 — E nos mandou pregar ao povo e dar testemunho de que ele é o que por Deus foi constituido juiz de vivos e mortos.

A evolução em nosso orbe, sob todos os aspectos, se processa sob a direção de Jesus; seu sacrifício garantiu-lhe o cargo de Governador Espiritual de nosso globo e nós somos seus tutelados

43 — A este dão testemunho todos os profetas, de que todos os que crêem nele recebem perdão dos pecados, por meio do seu nome.

O povo judeu, desde seus primórdios, recebeu de seus profetas avisos da vinda de Jesus, estando a Bíblia cheia deles. Crer em Jesus é praticar-lhe os ensinamentos, é observar o seu Evangelho; é perdoar do fundo do coração os que nos ofenderem; é amar-nos uns aos outros; é não fazer aos outros o que não queremos para nós.

44 — Estando Pedro ainda proferindo estas palavras, desceu o Espírito Santo sobre os que ouviam a palavra.

Dentre os ouvintes, havia os que eram portadores da mediunidade e por meio destes, os Espíritos se manifestaram.

45 — E se espantaram os fiéis que eram da circuncisão, os quais tinham vindo com Pedro, de verem que a graça do Espírito Santo foi também derramada sobre os gentios.

Aferrados ainda à lei de Moisés que fazia do judeu um povo eleito, não compreendiam que as graças divinas são para toda a humanidade e não apenas para um determinado grupo. Daí o espanto deles ao ver que outros que não circuncisos, também começavam a participar do banquete da luz.

46 — Porque eles ouviam falar diversas línguas e engrandecer a Deus.

Fenômenos mediúnicos, por médiuns de incorporação, comuns nos Centros Espíritas de hoje.

47 — Então respondeu Pedro: Por ventura pode alguém impedir a água para que não sejam batizados estes que receberam o Espírito Santo, assim também como nós?

48 — E mandou que eles fossem batizados em nome do Senhor Jesus Cristo. Então lhes rogaram que ficasse com eles por alguns dias.

Os recém-saídos do judaísmo pedem o batismo, hábito arraigado do qual não se livram de pronto. O mesmo sucede em nossos dias com aqueles que aportam ao Espiritismo, trazendo consigo os ritos e preconceitos da religião anterior, da qual vieram. Sobre o batismo, reenviamos nossos leitores às nossas notas já citadas.

CAPÍTULO XI

Pedro justifica-se perante a igreja de haver batizado Cornélio

1 — E ouviram os Apóstolos e os irmãos que estavam na Judéia, que também os gentios haviam recebido a palavra de Deus.

2 — E quando Pedro passou a Jerusalém, disputavam contra ele os que eram da circuncisão.

3 — Dizendo: Por que entraste tu em casa de homens que não são circuncidados e comeste com eles?

Posto que convivesse com outros povos, o povo judeu não se misturava com eles, obedecendo aos preceitos rígidos da lei mosaica. Ao chegar o Evangelho, não compreenderam o seu caráter universalista e o quiseram confinar somente a eles. Contra tal tendência luta o Plano Espiritual, revelando por manifestações espirituais simbólicas, mas fáceis de compreender, que ele era mensagem para todas as nações.

4 — Mas Pedro, tomando as coisas desde o princípio, lhas expunha pela sua ordem, dizendo:

5 — Eu estava orando na cidade de Jope e vi em um arrebatamento de espírito uma visão em que, descendo um vaso, como uma grande toalha, sustida pelas quatro pontas, baixava do céu e veio até onde eu estava·

6 — Detendo eu nele os olhos, o estava contemplando e vi dentro animais terrestres de quatro pés, e alimárias e réptis e aves do céu.

7 — E ouvi também uma voz que me dizia: Levanta-te, Pedro, mata e come.

8 — E eu disse: De nenhuma sorte, Senhor, porque nunca na minha boca entrou coisa comum ou imunda.

9 — E me respondeu outra vez a voz do céu: O que Deus purificou, tu não chames comum.

10 — E isto sucedeu por três vezes e depois todas estas coisas tornaram a recolher-se no céu.

11 — E eis que chegaram logo três homens à casa onde eu estava, enviados a mim de Cesaréia.

12 — E o Espírito me disse que fosse eu com eles, sem pôr a isso alguma dúvida. Estes seis irmãos que vedes, foram também comigo e entramos na casa de certo varão.

13 — E nos referiu como tinha visto na casa ao anjo que estava diante dele e que lhe dizia: Envia a Jope, e faze vir a Simão, que tem por sôbrenome Pedro.

14 — O qual te dirá as palavras pelas quais serás salvo tu e toda tua casa.

15 — E como eu tivesse começado a falar, desceu o Espírito Santo sobre eles, assim como descido também tinha sobre nós no princípio.

16 — E eu me lembrei então das palavras do Senhor, como ele havia dito: João na verdade batizou em água, mas vós sereis batizados no Espírito Santo.

Pedro compreendeu muito bem a visão que tivera; expõe aos companheiros de apostolado como os fatos se passaram e porque levara o Evangelho aos incircuncisos, ou seja, aos outros povos.

17 — Pois se Deus deu àqueles a mesma graça que também a nós, que cremos no Senhor Jesus Cristo, quem era eu, para que me pudesse opor a Deus?

18 — Eles, tendo ouvido este arrazoamento, se aquietaram e deram glória a Deus, dizendo: Logo também aos gentios participou Deus o dom da penitência que conduz à vida.

Diante da evidência, aceitaram o fato, não sem antes agradecer a Deus. O dom da penitência consiste em pautarmos nossas vidas pelo Evangelho, o qual nos conduz à vida, isto é, aos Planos Superiores da Espiritualidade.

O Evangelho é pregado aos gentios em Antioquia

19 — E na verdade aqueles que haviam sido dispersos pela tribulação que tinha acontecido por causa de Estevão, chegaram até Fenícia e Antioquia, não pregando a ninguém a palavra, senão só aos judeus.

A Espiritualidade Superior sabe tirar proveito dos erros dos homens. Assim os que haviam fugido de Jerusalém pelas perseguições, espalharam-se por muitas cidades nas quais semeavam a palavra. É de notar ainda o exclusivismo das pregações, dirigidas apenas aos judeus.

A Fenícia distinguiu-se na Antiguidade como nação navegadora, comerciante e industrial; era uma faixa litorânea, no Mediterrâneo e se estendia por uns 200 km com uma largura média de 30 km, nas costas da Síria; o solo arável era quase nenhum e por isso seu povo teve de tirar seu sustento da indústria e do comércio, no que foi exímio; inventou o alfabeto que hoje usamos e que nos veio através dos Latinos; suas cidades eram todas à beira-mar, sendo as principais: Biblos, Sidon, Tiro, Trípoli, Arad e Akko. Biblos tornou-se grande centro do comércio do papirus e dos escritos, pelo que os gregos lhe deram esse nome que significa "livro". Em suas andanças na pregação do Evangelho, Jesus esteve em Tiro e Sidon; a Fenícia confinava com a Galiléia. Antioquia, da Síria, era considerada, em importância, a terceira cidade do império Romano, vindo logo depois de Roma e de Alexandria; seu sistema de iluminação das ruas foi o único da Antigüidade que chegou ao nosso conhecimento; ponto de encontro de gregos, romanos e semitas, gozava de péssima reputação, pelos vícios e depravação moral.

20 — Entre eles havia alguns varões de Chipre e de Cirene, os quais, quando entraram em Antioquia, falavam também aos gregos, anunciando-lhes ao Senhor Jesus.

Chipre é a maior ilha do Mediterrâneo, com 9.600 km2; Cirene, cidade da Cirenáica, hoje Tripolitânia, ao norte do Mediterrâneo e a Este do Egito. Em Antioquia se pregou o Evangelho aos outros povos pela primeira vez.

21 — E a mão do Senhor era com eles e um grande número de crentes se converteu ao Senhor.

Antioquia oferecia ao Evangelho um ambiente propício: contrastando com o luxo dos poderosos, a sua classe pobre e sofredora era numerosíssima, pois a ela convergia gente de todas as partes em busca de trabalho. Esta abraçava o Evangelho com entusiasmo, encontrando nele uma fonte de consolo e de remédio para seus males.

22 — E chegou a fama destas coisas aos ouvidos da igreja que estava em Jerusalém e enviaram Barnabé a Antioquia.

O serviço do Evangelho prosperava em Antioquia. Era pois natural que os Apóstolos, sediados em Jerusalém, se interessassem pelo movimento antioquiano e mandassem para lá observadores.

23 — O qual, quando lá chegou e viu a graça de Deus, se alegrou; e exortava a todos a perseverar no Senhor pelo propósito de seu coração.

Alegrou-se sobremaneira Barnabé com o que encontrou e sua exortação a que se mantivessem firmes na nova fé, é sempre atual.

O Espiritismo atrai para seu seio um número incalculável de adeptos, dentre os quais se destacam os trabalhadores da grande causa: os pregadores, os médiuns, os doutrinadores, os escritores, os jornalistas e outros mais. É mister que ninguém abandone o seu posto; que perseverem no trabalho em prol da evangelização de quantos lhes batam às portas, por mais adversas que sejam as circunstâncias que tenham de enfrentar.

24 — Porque era varão bom e cheio do Espírito Santo e de fé. E se uniu ao Senhor grande número de gente.

O exemplo atrai irresistivelmente, sendo mesmo o melhor dos pregadores; tanto que se diz: "pregar pelo exemplo". Foi o que Barnabé fez: deu a todos o exemplo de bondade, de vida reta, de firmeza na fé; e assim arrebanhou para Jesus muita gente. Não nos esqueçamos desta lição: os que ocupam postos de responsabilidade no Espiritismo devem pregar com os lábios sim, porém muito mais com o exemplo.

25 — E dali partiu Barnabé para Tarso, em busca de Saulo; e tendo-o achado o levou a Antioquia·

Três anos se passaram desde que os discípulos acompanharam Saulo a Cesaréia, embarcando-o para Tarso, onde mergulhou na obscuridade, esperando pacientemente que Jesus o chamasse; e este chamou-o por Barnabé. Depois de sua conversão e iniciado por Ananias nas luzes do Evangelho, Saulo se pôs a pregar em Damasco Mal recebido pelos judeus que o acoimavam de traidor de Moisés, quase o sacrificaram; sai às escondidas de Damasco e chega a Jerusalém e o recebem com extrema frieza e desconfiança; Barnabé carinhosamente lhe estende as mãos e aplaina as dificuldades e os Apóstolos o reconhecem como discípulo; o sinédrio o persegue, sendo ele causa de confusão; é então aconselhado pelos companheiros a desaparecer por algum tempo, para que o esquecessem; sua hora chegaria, tivesse paciência.

E Saulo esperou pacientemente.

E sua hora chegou.

A seara crescia em Antioquia, reclamando trabalhadores, sempre mais trabalhadores; de Jerusalém não havia possibilidade de ajuda, dado que lá também eram poucos. E Saulo foi lembrado e Barnabé foi buscá-lo. E Saulo que ainda guardava no fundo do coração o entusiasmo da primeira hora, não vacilou: aceitou o convite e foi trabalhar.

Em nossa estrada evolutiva, receberemos também o convite para dedicar-nos à seara do Senhor; e quando este convite chegar, não o desprezemos; aceitemo-lo. agradeçamo-lo, e com amor e entusiasmo entreguemo-nos à tarefa, por mais apagada que ela seja.

> 26 — E aqui nesta igreja passaram eles todo um ano, e instruiram uma grande multidão de gente, de maneira que em Antioquia foram primeiro os discípulos denominados cristãos.

Durante um ano, Barnabé e Saulo trabalham na comunidade de Antioquia; operários do Senhor, atentos ao dever, distribuem luzes espirituais a quantos os procuram. Em Antioquia, por inspiração superior, os seguidores do Evangelho recebem o nome de "CRISTÃOS", pelo qual passam a se identificar. Esse nome, que desde então reboa pelo mundo como um clarim de alerta, representa para nós o mais alto grau de espiritualidade a que podemos aspirar na Terra.

> 27 — E por estes dias vieram de Jerusalém a Antioquia uns profetas.

Os profetas a que o Velho e o Novo Testamento se referem, correspondem aos atuais médiuns do Espiritismo. Eram pessoas portadoras de mediunidade que se auto-desenvolviam, tornando-se medianeiros entre os Espíritos e os homens. Com o advento da Idade Média e transformando-se o Cristianismo em Catolicismo, a mediunidade foi cruelmente perseguida, extinguindo-se o profetismo e, conseqüentemente a comunicação ostensiva entre os dois planos. A Espiritualidade Superior, entretanto, aguardou que a inteligência humana amadurecesse mais para aceitar as verdades novas que viriam a seu tempo. Elas vieram e foram codificadas sob o nome de Espiritismo, ou a Doutrina dos Espíritos. Desde então possuímos normas, orientações seguras para o desenvolvimento da mediunidade. E hoje o profetismo dos tempos bíblicos e apostólicos chama-se mediunidade e os profetas modernos, médiuns.

> 28 — E levantando-se um deles por nome Ágabo, dava a entender, por Espírito, que havia de haver uma grande fome por todo o globo da Terra; esta veio no tempo de Cláudio.

Eis um caso de comunicação mediúnica; um dos Espíritos presentes à reunião incorpora-se no médium Ágabo e transmite o aviso da fome que viria. As advertências dos Espíritos são comuns; como estão libertos da carne, vêem com mais facilidade o desenrolar dos acontecimentos e podem assim prever o futuro. Cláudio, imperador romano, imperou do ano 41 ao 54. A fome aqui profetizada veio terrível no ano 44.

> 29 — E os discípulos, cada um conforme a possibilidade que tinha, resolveram enviar algum socorro aos irmãos que habitavam na Judéia.

> 30 — O que eles efetivamente fizeram, enviando-o aos anciães por mãos de Barnabé e de Saulo.

É um exemplo de assistência fraterna. Tão logo sabem das dificuldades com que se defrontariam os irmãos de Jerusalém, cotizam-se cada um segundo suas posses. É um exemplo de caridade e de humildade; de caridade, angariando recursos para os menos afortunados; de humildade, não esperando que se lhes estendam mãos súplices, mas indo espontâneamente ao encontro delas, sem humilhá-las. Por anciãos designavam-se os Apóstolos que tinham convivido com Jesus e que agora estavam à testa dos trabalhos em Jerusalém.

CAPÍTULO XII

Herodes manda matar Tiago.. Pedro é livre da prisão.
A morte de Herodes.

> 1 — E neste mesmo tempo enviou o rei Herodes tropas para maltratar a alguns da igreja.
> 2 — E matou à espada Tiago, irmão de João.

Herodes, para agradar ao sacerdócio organizado, reativa as perseguições. Uma das vítimas foi Tiago, filho de Zebedeu e irmão de

João, para os quais sua mãe pediu a Jesus os lugares de sua esquerda e de sua direita no reino dos céus. Mal sabiam eles então o que lhes importava padecer por amor ao nome de Jesus. Hoje não mais necessitamos sofrer o suplício sangrento; todavia, impõe-se-nos o sacrifício de extinguir, dia a dia, os nossos caprichos por amor ao reino dos céus.

> 3 — E vendo que agradava aos judeus, fez também prender a Pedro. Eram então os dias dos asmos.
>
> 4 — Tendo-o pois feito prender, meteu-o num cárcere, dando-o a guardar a quatro esquadras, cada uma de quatro soldados, com tenção de o apresentar ao povo depois da Páscoa.
>
> 5 — E Pedro estava guardado na prisão a bom recado. Entretanto pela igreja se fazia sem cessar oração a Deus por ele.

Era por volta da Páscoa, quando Pedro foi preso; temiam-no por ser ele a figura central do movimento cristão e supunham que, prendendo-o, dariam um golpe de morte a esse movimento. Observemos a fé que havia naqueles corações; ao envez de se lastimarem, entregam-se confiantes à oração, certos de que não lhes faltaria o socorro divino. Quando tudo nos parece abandonar e o desânimo e o desespero tentam apossar-se de nós, confiemo-nos à prece; ela não ficará sem resposta.

> 6 — Mas quando Herodes estava para o apresentar, nessa mesma noite se achava dormindo Pedro entre dois soldados, ligado com duas cadeias; e os guardas à porta vigiavam o cárcere.
>
> 7 — E eis que sobreveio o anjo do Senhor e resplandeceu uma claridade naquela habitação e tocando a Pedro em um lado, o despertou dizendo: Levanta-te depressa. E cairam as cadeias de suas mãos.
>
> 8 — E o anjo lhe disse: Toma a tua cinta e calça as tuas sandálias. E fê-lo Pedro assim. E o anjo lhe disse: Põe sobre ti a tua capa e segue-me.
>
> 9 — E saindo, o ia seguindo e não sabia que, o que se fazia por intervenção do anjo era assim na realidade, mas julgava que ele via uma visão.
>
> 10 — E depois de passarem a primeira e a segunda guarda, chegaram à porta de ferro, que guia para a cidade; a qual se lhes abriu por si mesma.E saindo caminharam juntos o comprimento de uma rua, e logo depois o deixou o anjo.

De novo a mediunidade de efeitos físicos intervem para salvar Pedro. Por meio dessa mediunidade, os Espíritos podem atuar sobre a matéria e produzir efeitos, tais como: voz direta, deslocamentos de objetos, corporificarem-se, trabalhos manuais, transportes, etc. E para isso necessitam dum médium de efeitos físicos, o qual pode não estar ali presente, e sim até bem longe. O Espírito que foi libertar Pedro se utilizou da mediunidade dos discípulos congregados em oração, algum ou alguns dos quais possuiam este tipo de mediunidade, o que facilitou-lhe tudo. Tais fenômenos reproduzem-se freqüentemente em sessões de estudo da mediunidade.

11 — Aí então Pedro, entrando em si, disse: Agora é que eu conheço verdadeiramente que mandou o Senhor o seu anjo e me livrou da mão de Herodes, e de tudo o que esperava o povo dos judeus.

12 — E considerando nisto, foi ter à casa de Maria, mãe de João, que tem por sobrenome Marcos, onde muitos estavam conjugados e faziam oração.

13 — Mas quando ele bateu à porta, foi uma moça chamada Rhode, a que veio ver quem era.

14 — E tanto que conheceu a voz de Pedro, com o alvoroço não lhe abriu logo a porta mas, correndo para dentro, foi dar a nova de que Pedro estava à porta.

15 — Eles porém lhe disseram: Tu estás louca. Mas ela asseverava que assim era. E eles diziam: Deve ser o seu anjo.

16 — Entretanto, Pedro continuava a bater. E depois de lhe terem aberto a porta, então o conheceram e ficaram pasmados.

17 — Mas ele, tendo-lhes feito sinal com o mão que se calassem, contou-lhes como o Senhor o havia livrado da prisão e disse-lhes: Fazei saber isto a Tiago e aos irmãos. E tendo saído se foi logo à outra parte.

Uma vez livre, Pedro reconhece a intervenção divina a seu favor; dirige-se à casa de Maria, mãe de Marcos, o futuro evangelista. Notemos que, se os discípulos não puderam socorrer Pedro materialmente, o fizeram através da oração. Pedro, depois de lhes narrar o que houve e tranqüilizá-los, abrigou-se em outra parte a fim de evitar nova prisão.

18 — Mas quando foi dia, houve não pequena turbação entre os soldados, sobre o que tinha sido feito de Pedro.

19 — E Herodes, tendo-o feito buscar e não o achando, feito exame a respeito dos guardas, os mandou justiçar; e passando de Judéia a Cesaréia, deixou-se aqui ficar.

84

20 — Ora Herodes estava irritado contra os de Tiro e de Sidonia, mas estes de comum acordo o foram buscar e com o favor de Blasto, que era seu camarista, pediram paz, porque das terras do rei é que o seu país tirava a subsistência.

21 — E um dia assinado, Herodes, vestido em traje real, se assentou no tribunal e lhes fazia uma fala.

22 — E o povo o aplaudia dizendo: Isto são vozes de Deus e não de homem.

23 — Porém subitamente o feriu o anjo do Senhor, pelo motivo de que não tinha tributado honra a Deus e, comido de bichos, expirou.

Assistimos aqui à derrocada do orgulho e ao fim das vaidades terrenas. Por mais alto que estejamos situados na vida e na escala social, lembremo-nos de que acima de nós paira um Poder Soberano que, ao julgar oportuno, faz-nos rolar do pedestal em que orgulhosamente nos entronizamos. E a morte de nosso corpo físico finaliza as vaidades com as quais nos comprazíamos.

24 — Entretanto a palavra do Senhor crescia e se multiplicava.

25 — Mas Barnabé e Saulo, tendo concluído o seu ministério, tornaram a sair de Jerusalém, levando consigo a João que tem por sobrenome Marcos.

Apesar do entrave das trevas, o Evangelho propagava-se incessantemente. E Barnabé e Saulo, tendo entregue os donativos dos irmãos de Antioquia, agora levando consigo a Marcos, retornam a Antioquia.

CAPÍTULO XIII

Barnabé e Saulo são enviados pela igreja de Antioquia e pregam em Chipre. Elimas, o encantador.

1 — Havia pois na igreja que era de Antioquia vários profetas e doutores, entre eles Barnabé e Simão, que tinha por apelido o Negro, e Lúcio de Cirene e Manahen, o qual era colaço de Herodes, o tetrarca, e Saulo.

Como sucede nos Centros Espíritas atuais, havia em Antioquia um núcleo de trabalhadores, em torno do qual se movimentavam os trabalhos evangélicos: médiuns, oradores, doutrinadores e outros de boa vontade que atendiam aos serviços. E até um irmão de leite de Herodes, Manahen; por aí vemos a importância que a nova doutrina adquiria.

2 — Ao tempo porém que eles ofereciam o seu sacrifício ao Senhor e jejuavam, disse-lhes o Espírito Santo: Separai-me a Saulo e a Barnabé, para a obra que eu os hei destinado.

3 — Depois que jejuaram e oraram e lhes impuzeram as mãos, os despediram.

O sacrifício que ofereciam ao Senhor, era o trabalho na seara a que se dedicavam de corpo e alma. Hoje também, nas sessões espíritas bem orientadas renovam-se os sacrifícios ao Senhor através da pregação evangélica, da doutrinação dos Espíritos ignorantes, do passe e da água fluída aos enfermos, do consolo aos aflitos. De certo que os novos discípulos de Jesus já não praticam o jejum material; praticam o jejum espiritual que consiste em se absterem de pensamentos maléfovos, de palavras que possam ferir e de atos que prejudiquem alguém.

Estavam eles reunidos nos trabalhos espirituais, quando se manifestou um Espírito por um dos médiuns presentes, o qual cientificou a Saulo e a Barnabé da decisão do Alto a respeito deles; obedeceram, oraram e partiram a desempenhar a missão de que foram incumbidos.

4 — E eles, assim enviados pelo Espírito Santo, foram a Seléucia e dali navegaram até Chipre.

5 — E quando chegaram a Salamina, pregavam a palavra de Deus nas sinagogas dos judeus. Tinham também eles a João no ministério.

Seléucia era o porto de Antioquia no Mediterrâneo e dali navegaram para Salamina, na ilha de Chipre. Obedecendo às inspirações superiores, os missionários pregam a palavra por onde passam. É um passo importante este. porque aqui começa a universalização do Evangelho, o qual, no decorrer dos séculos, abrangerá o mundo inteiro. Ao chegar a uma cidade, procuravam o bairro judeu, onde eram acolhidos; esperavam então o sábado, dia em que se dirigiam à sinagoga. Era costume dar-se a palavra a quem a desejasse, para dirigir aos ouvintes algumas palavras de edificação ou comentar um trecho das Escrituras. Os missionários aproveitavam-se deste costume para expor a doutrina cristã. Jesus também, em muitas ocasiões, assim procedera. E seguindo estes exemplos. o Espiritismo franqueia sua tribuna aos de boa vontade que desejem ensinar o Evangelho ou a Doutrina Espírita, restabelecendo, desse modo, a simplicidade dos dias apostólicos.

6 — E tendo discorrido por toda a ilha até Pafos, acharam um homem mago, falso profeta, judeu, que tinha por nome Barjesus.

7 — O qual estava com o varão Sérgio Paulo, varão prudente. Este, havendo feito chamar a Barnabé e a Saulo, desejava ouvir a palavra de Deus.

8 — Mas Elimas, o mago (porque assim se interpreta o seu nome) se lhes opunha, procurando apartar da fé ao proconsul.

Os missionários percorriam a ilha, discorrendo sobre o Evangelho e chegaram a Pafos, capital de Chipre. Ora a ilha estava sob o domínio romano desde o ano 22. Era governada por um proconsul, Sérgio Paulo, designado pelo senado romano. É de crer que ele estivesse doente e que chamasse os missionários unicamente pelo interesse da cura; a presença de Barjesus ao pé dele parece confirmar isto. Os judeus gozavam da fama de bons médicos e os romanos doentes se entregavam a eles de boa mente. Ao par de alguns conhecimentos reais, tais curadores apresentavam muita charlatanice e mesmo sabiam servir-se da mediunidade interesseira para explorar os que lhes caíam nas mãos. Daí Barjesus ser dito falso profeta, ou seja, um médium mistificador e interesseiro. Ao perceber que ia ser desmascarado e perder o seu rendoso cliente, Barjesus tenta desacreditar Barnabé e Saulo perante o proconsul.

9 — Porém Saulo, que é também chamado Paulo, cheio do Espírito Santo, fixando nele os olhos,

10 — Disse: Ó cheio de todo o engano e de toda astúcia, filho do diabo, inimigo de toda justiça, tu não deixas de perverter os caminhos retos do Senhor.

11 — Pois agora eis aí está sobre ti a mão do Senhor e serás cego, que não verás o sol até certo tempo. E logo caiu sobre ele uma obscuridade e trevas, e andando à roda, buscava quem lhe desse a mão.

12 — Então o proconsul, quando viu este fato, abraçou a fé, admirando a doutrina do Senhor.

Saulo, movido por inspiração superior, tenta em vão demonstrar a Verdade a Barjesus; todavia, como ele não arredasse pé de seu ponto de vista, Saulo teve de recorrer à energia para dominar os Espíritos trevosos que instigavam Barjesus contra ele e o Evangelho;

87

assim é que o falso médium recebe nos olhos uma carga fluídica, que lhe dá uma momentânea sensação de cegueira.

A formosa pregação de Saulo e a demonstração palpável de um Poder Superior que reduz as trevas ao silêncio, levam o proconsul ao Evangelho.

Além do acontecido a Elimas, o mago, e da conversão de Sérgio Paulo ao Cristianismo, dois outros fatos de suma importância ressaltam dos versículos em estudo: a troca do nome de Saulo pelo de Paulo; e as palavras de Paulo desmascarando o médium interesseiro.

Havia entre os que se convertiam ao Cristianismo, o costume de receberem um nome novo, sob o qual passavam a viver como cristãos. Saulo, ao se converter, não cogitou disso, servindo a Jesus com o mesmo nome sob o qual o perseguira. Entretanto, como que para marcar o seu primeiro triunfo contra as trevas, Saulo daí por diante passa assinar-se à romana, ou seja, Paulo.

Quanto ao médium interesseiro, aquele que mercadeja com sua mediunidade. eis o que Allan Kardec nos ensina em seu livro "O Evangelho segundo o Espiritismo", capítulo XXVI: "Deus não vende os benefícios que concede. Como pois um que não é sequer o distribuidor deles, que não lhes pode garantir a obtenção, cobraria um pedido que talvez nenhum resultado produza? Não é possível que Deus subordine um ato de clemência, de bondade ou de justiça, que da sua misericórdia se solicite, a uma soma de dinheiro. A mediunidade é coisa santa, que deve ser praticada santamente, religiosamente. Se há um gênero de mediunidade que requeira essa condição de modo ainda mais absoluto, essa é a mediunidade curadora".

"Jesus e os Apóstolos, ainda que pobres, nada cobravam pelas curas que operavam. Procure, pois, aquele que precisa do que viver, recursos em qualquer parte, menos na mediunidade; não lhe consagre, se assim for preciso, senão o tempo de que materialmente possa dispor. Os Espíritos lhe levarão em conta o devotamento e os sacrifícios, ao passo que se afastam dos que esperam fazer deles uma escada por onde subam".

O discurso de Paulo na sinagoga de Antioquia de Pisídia; a oposição dos judeus.

13 — E tendo Paulo e os que com ele se achavam, desferrado de Pafos, vieram a Perge, na Panfília. Mas João, apartando-se deles, voltou a Jerusalém.

14 — E eles. passando por Perge, vieram a Antioquia da Pisídia; e tendo entrado na sinagoga em dia de sábado, assentaram-se.

15 — E depois da lição da lei e dos profetas, mandaram-lhes dizer os chefes da sinagoga: Varões irmãos, se vós tendes que fazer alguma exortação ao povo, fazei-a.

16 — E levantando-se Paulo e fazendo com a mão sinal de silêncio disse: Varões israelitas e os que temeis a Deus, ouvi:

Deixando a semente do Evangelho plantada em Pafos e por toda a ilha de Chipre, os missionários prosseguem viagem. João Marcos aparta-se deles, voltando a Jerusalém. Passam por Perge, em direção a Antioquia da Pisídia, onde se demoram. Segundo o costume, no sábado comparecem à sinagoga, e se assentam nos lugares reservados aos visitantes. Terminada a leitura das Escrituras pelo chefe da sinagoga, ele lhes oferece a palavra; Paulo aceita e levanta-se para falar.

17 — O Deus do povo de Israel escolheu nossos pais e exaltou este povo, sendo eles estrangeiros na terra do Egito, de onde os tirou com o excelso poder do seu braço;

18 — E suportou os costumes deles no deserto por espaço de quarenta anos;

19 — E destruindo sete nações na terra de Canaã, distribuíu entre eles por sorte aquela terra.

20 — Quase que quatrocentos e cinqüenta anos depois; e daí em diante lhes deu juízes, até ao profeta Samuel.

21 — E depois pediram rei, e Deus lhes deu a Saul, filho de Cis, varão da terra de Benjamin, por quarenta anos.

22 — E tirando este, lhes levantou um rei a Davi a quem, dando testemunho disse: Achei a Davi, filho de Jessé, homem segundo o meu coração, que fará todas as minhas vontades.

23 — Da linhagem deste, conforme a sua promessa, trouxe Deus a Israel o Salvador Jesus.

O povo hebreu se originou duma pequena tribo nômade, que pastoreava seus rebanhos nos desertos da Arábia; passou depois para as planícies da Síria, ao redor do monte Sinai; a fome levou-o a buscar alimento no Egito, onde ficou e prosperou; mais tarde reduziram-no à escravidão, da qual o livrou Moisés; este o manteve errante no deserto por quarenta anos; apropriou-se em seguida duma região chamada terra de Canaã e a repartiram entre as diversas tribos que o compunham. Evoluindo do pastoreio — que lhe favorecia o nomadismo — para a agricultura — que exige uma vida sedentária — e crescendo as cidades, nomearam-se juízes que o governassem. Tornando-se cada vez mais complexo o governo da nação, já então formada, constitui-se o reinado, cujo primeiro rei foi Saul, escolhido na tribo de Benjamin pelo profeta Samuel. A Saul seguiu-se Daví, de cuja linhagem, segundo as profecias, descenderia Jesus.

24 — Havendo João pregado, antes da sua vinda, o batismo de penitência a todo o povo de Israel,

25 — E João quando acabava a sua carreira, dizia: Não sou eu quem vós cuidais que eu sou, mais eis aí vem após de mim aquele a quem eu não sou digno de desatar o calçado dos pés.

Paulo invoca a autoridade de João Batista que pregara no deserto, às margens do rio Jordão, a vinda do Messias prometido; porque João Batista era respeitado como um verdadeiro profeta, merecendo inteiro crédito as suas palavras.

26 — Varões irmãos, filhos da linhagem de Abraão e os que entre vós temem a Deus, a vós é que foi enviada a palavra desta salvação.

Fiel ainda à recomendação de Jesus: "Ide antes às ovelhas desgarradas da casa de Israel", Paulo se dirige primeiramente aos judeus; não por exclusivismo, mas porque estavam em situação de compreender a mensagem de Jesus. Filhos da linhagem de Abraão, por descenderem de Abraão, o patriarca do povo judeu.

27 — Porque os que habitavam em Jerusalém, e os príncipes dela, não conhecendo a este, nem as vozes dos profetas que cada sábado se lêem, sentenciando-o, as cumpriram;

28 — E não achando nele nenhuma causa de morte, fizeram a sua petição a Pilatos para assim lhe tirarem a vida

29 — E quando tiveram cumprido todas as coisas que dele estavam escritas, tirando-o do madeiro, o puseram no sepulcro.

Apesar das inúmeras advertências e profecias contidas nas Escrituras e que eram lidas todos os sábados nas sinagogas e no Templo, os dirigentes religiosos do povo não aceitaram Jesus como o Messias; sentenciaram-no à morte e combatiam os seus ensinos por ferirem os interesses materiais deles. Tal acontece hoje com o Espiritismo: conquanto — sob todas as evidências — seja ele o Consolador anunciado, as modernas religiões organizadas o repudiam.

> 30 — Mas Deus o ressuscitou dentre os mortos ao terceiro dia, e foi visto muitos dias por aqueles,
>
> 31 — Que tinham vindo juntamente com ele da Galiléia a Jerusalém; os quais até agora dão testemunho dele ao povo.

A morte não existe; é simplesmente o ato pelo qual nos libertamos do corpo carnal que nos serve de instrumento durante nossa permanência na Terra; a esse ato damos o nome de morte; passaremos então a viver normalmente nossa vida de Espírito; é a ressurreição gloriosa de que Jesus nos dá o exemplo.

> 32 — E nós vos anunciamos aquela promessa que foi feita a nossos pais;
>
> 33 — Visto Deus a ter cumprido a nossos filhos, ressuscitando Jesus, como também está escrito no salmo segundo: Tu és meu filho, eu te gerei hoje.
>
> 34 — E que o haja ressuscitado dentre os mortos, para nunca mais tornar à corrupção, ele o disse desta maneira: Dar-vos-ei pois as coisas santas de Davi firmes.
>
> 35 — E por isso é que também diz noutro lugar: Não permitirás que teu santo experimente corrupção.
>
> 36 — Porque Davi no seu tempo, havendo servido conforme a vontade de Deus, morreu; e foi sepultado com seus pais e experimentou corrupção.
>
> 37 — Porém aquele que Deus ressuscitou dentre os mortos, não experimentou corrupção.

Paulo, conhecedor profundo das Escrituras Sagradas, busca em seus textos as provas de que Jesus era realmente o Salvador esperado. Sabendo que Jesus aparecera a seus discípulos, Paulo deduz que seu corpo não experimentou a corrupção, isto é, a podridão do túmulo.

O Espiritismo nos ensina que nenhum de nós experimentará a corrupção, porque ressurgiremos do sepulcro. O que experimenta a corrupção, o que apodrece, é o corpo carnal.

Desligado do corpo, pelo fenômeno a que chamamos morte, nosso Espírito, que somos nós mesmos ressurge no mundo espiritual, onde também teremos um corpo, o perispírito. É fazendo com que seu perisprito se torne visível, isto é, se materialize, mediante a mediunidade de efeitos físicos, que Jesus aparece e seus discípulos. Esse fenômeno é comum hoje em dia nas sessões espíritas de materializações. Durante o tempo em que estamos encarnados, nosso perispírito se juxtapõe perfeitamente ao nosso corpo de carne — do qual é a forma — mantendo-o coeso e vivo, ligando-o átomo por átomo, molécula com molécula. Sobrevindo a morte, nosso perispírito se desliga do nosso corpo carnal átomo por átomo, molécula por molécula, e partiremos para o mundo espiritual, onde a vida continua.

> 38 — Seja-vos pois notório, varões irmãos, que por este se vos anuncia a remissão de pecados, e de tudo o que não pudestes ser justificados pela lei de Moisés.
>
> 39 — Por este é justificado todo aquele que crê.

Moisés, tendo de legislar para um povo rude e ainda muito próximo da barbárie, teve de instituir leis severas, tal como a do olho por olho e dente por dente, para conter-lhe os ímpetos. Estas leis perpetuavam o ódio entre os indivíduos. Jesus, dirigindo-se a povos mais adiantados, dá-nos a lei do "amai-vos uns aos outros", do perdão irrestrito, que apaga os ódios, evitando assim males futuros.

Justifica-se em Jesus aquele que nele crê, porque não se concebe que quem crê em Jesus, não lhe siga os preceitos, expostos em seu Evangelho de luz e de redenção.

> 40 — Guardai-vos pois que não venha sobre vós o que foi dito pelos profetas:
>
> 41 — Vêde, ó desprezadores, e admirai-vos e finai-vos, que eu obro uma obra em vossos dias, uma obra que vós não crereis, se alguém vô-la referir.

Na verdade, os avisos espirituais sobre a personalidade e a obra de Jesus não faltaram. Os profetas de Israel sempre alertaram a nação a respeito de sua vinda; Isaias falou dele de maneira impressionante; contudo, nem mesmo vendo o que Jesus fazia, lhe deram crédito

> 42 — E quando eles saíam, lhes rogavam que no seguinte sábado lhes falassem estas palavras.
>
> 43 — E como tivesse sido despedida a sinagoga, muitos dos judeus e prosélitos tementes a Deus, seguiram a Paulo e a Barnabé, os quais com as suas razões os exortavam a que perseverassem na graça de Deus.

A pregação de Paulo foi de grande êxito. Terminada a reunião, muitos os seguiram, desejosos de ouvir mais a respeito do Evangelho. Os missionários atendem a todos, e não deixam escapar a oportunidade de semear a palavra divina.

44 — E no sábado seguinte, concorreu quase toda a cidade a ouvir a palavra de Deus.

45 — Mas vendo os judeus tanta multidão de gente, encheram-se de inveja, e blasfemando contradiziam as razões que por Paulo eram proferidas

Paulo encontrou naquelas populações gentias excelentes disposições para abraçarem o Evangelho. Havia entre os gentios uma grande inclinação para o monoteismo. O culto que Paulo pregava — o Evangelho — era simples; não tinha ritos nem formalidades complicadas; por isso atraía mais o gentio do que o judaismo com a rigidez da lei de Moisés. E como grande número deles agora a trocava pelo Evangelho, daí a inveja e o furor dos judeus contra Paulo. O mesmo acontece atualmente com o Espiritismo: restaurando a simplicidade do Evangelho, e libertando a mente humana de dogmas e formalidades exteriores, tem contra si o furor das religiões organizadas que se distanciaram do Evangelho.

46 — Então Paulo e Barnabé lhes disseram resolutamente: Vós ereis os primeiros a quem se devia anunciar a palavra de Deus; mas porque vós a rejeitais, e vos julgais indignos da vida eterna, desde já nos vamos daqui para os gentios.

47 — Porque o Senhor assim nô-lo mandou: Eu te pus para luz das gentes, para que sejas de salvação até a extremidade da Terra.

Por estarem os judeus de há muito preparados para receber o Evangelho, Paulo e Barnabé se dirigem a eles em primeiro lugar. Todavia, os judeus queriam subordiná-lo à lei de Moisés, encerrando-o nos dogmas mosaicos. A resolução dos missionários de irem pregá-lo aos gentios, liberta-o dos preconceitos judaicos; desse momento em diante ele se universaliza e o Cristanismo passa a receber em seu seio os povos de toda a Terra.

48 — Os gentios porém, ouvindo isso, se alegraram e glorificaram a palavra do Senhor, e creram todos os que haviam sido predestinados para a vida eterna.

49 — Assim por toda esta terra se disseminava a palavra do Senhor.

Sem mais preocupar-se com os judeus, os missionários se consagram com ardor a pregar o Evangelho aos gentios, que o recebem de coração aberto; e os ensinamentos de Jesus se espalham rapidamente.

50 — Mas os judeus concitaram a algumas mulheres devotas e nobres, e os principais da cidade e excitaram uma perseguição contra Paulo e Barnabé, e os lançaram fora de seu país.

51 — Então Paulo e Barnabé, tendo sacudido contra eles o pó dos seus sapatos, foram para Icônio.

52 — Entretanto estavam os discípulos cheios de gozo e do Espírito Santo.

Os judeus que exerciam larga influência junto às autoridades da cidade, conseguem a expulsão de Paulo e Barnabé. Estes não se agastam; fiéis aos ensinamentos que pregavam, sacodem o pó de suas sandálias e partem cheios de alegria: ali a plantação estava feita, iam semear em outro lugar.

CAPÍTULO XIV

O Evangelho é pregado em Icônio, Listra e Derbe; sucesso e perseguição; a volta a Antioquia.

1 — E aconteceu em Icônio que entraram juntos na sinagoga dos judeus, e que ali pregaram, de maneira que uma copiosa multidão de judeus e de gregos se converteu à fé.

2 — Mas os judeus que permaneceram incrédulos concitaram e fizeram irritar os ânimos dos gentios contra seus irmãos.

3 — Por isso se demoraram ali muito tempo, trabalhando com confiança no Senhor, que dava testemunho à palavra da sua graça, concedendo que se fizessem por suas mãos prodígios e milagres.

4 — E se dividiu a multidão da gente da cidade; e assim uns eram pelos judeus, outros porém, pelos Apóstolos.

Fiéis ao costume, chegados que foram, logo no primeiro sábado comparecem à sinagoga a fim de expor o Evangelho. Houve numerosas conversões não só de elementos judaicos, como de gentios. Não faltaram os incrédulos que açularam o povo contra os missionários, os quais, corajosamente, sem se intimidar, ali trabalham por muito tempo. E pela palavra iluminam os corações e pela mediunidade curadora aliviam sofrimentos em nome de Jesus. E como sempre se passa nestas ocasiões, formaram-se dois partidos: um a favor dos pregadores e outro contra eles. O mesmo acontece hoje com o Espiritismo: doutrina missionária é combatida por uns e aceita por outros; mas, firmada no Evangelho, prossegue conquistando os corações de boa vontade.

5 — Mas como se tivesse levantado um motim dos gentios e dos judeus, com os seus chefes, para os ultrajar e apedrejar,

6 — Entendendo-o eles, fugiram para Listra e Derbe, cidade da Licaonia, e para toda aquela comarca em circuito, e ali se achavam pregando o Evangelho.

Compreendendo que a semente divina estava bem plantada em Icônio, e vendo acirrarem-se os ânimos contra sua obra, Paulo e Barnabé retiram-se prudentemente da cidade; vão lavrar novas terras.

7 — Ora em Listra residia um homem leso dos pés, coxo desde o ventre de sua mãe, o qual nunca tinha andado.

8 — Este homem ouviu pregar a Paulo. Paulo, pondo nele os olhos e vendo que ele tinha fé de que seria curado,

9 — Disse em voz alta: Levanta-te direito sobre os teus pés. E ele saltou e andava.

É a confirmação do que disse Jesus a seus discípulos: "Em verdade, em verdade vos digo que aquele que crê em mim, esse fará também as obras que eu faço, e fará outras ainda maiores."

O coxo era um Espírito em expiação; naquele corpo, resgatava os erros do passado; o sofrimento resignado lhe abrira o coração para o amor, e despertara-lhe o desejo de viver nobremente. A pregação de Paulo lhe trouxe a fé na bondade divina, dando-lhe condições de receber a cura que almejava. Intuitivamente Paulo compreende tudo isso, o que lhe dá ensejo de curar o coxo em nome de Jesus.

10 — Os do povo, porém, tendo visto o que fizera Paulo, levantaram a sua voz, dizendo em língua licaônia: Estes são deuses que baixaram a nós em figura de homens.

1 — E chamavam a Barnabé Jupiter e a Paulo Mercúrio; porque ele era o que levava a palavra.

12 — Também o sacerdote de Jupiter, que estava à entrada da cidade, trazendo para ante as portas touros e grinaldas, queria sacrificar com o povo.

13 — Mas os Apóstolos Barnabé e Paulo, quando isto ouviram. tendo rasgado as suas vestiduras, saltaram no meio das gentes clamando,

14 — E dizendo: Varões, porque fazeis isto? Nós também somos mortais, e vos pregamos que destas coisas vãs vos convertais ao Deus vivo, que fez o céu e a terra e o mar e tudo quanto há neles;

15 — O que nos séculos passados permitiu a todos os gentios andar nos seus caminhos.

16 — E nunca se deixou por certo a si mesmo sem testemunho, fazendo bem lá no céu, dando chuvas e tempos favoráveis para os frutos, enchendo os nossos corações de mantimento e de alegria.

17 — E dizendo isto, apenas puderam apaziguar as gentes, para que não lhes sacrificassem.

O povo supersticioso e educado nas práticas pagãs, ao presenciar a cura do coxo, viu nos missionários entes sobrenaturais, e quis tratá-los como tratava seus deuses.

Admiremos a humildade dos dois apóstolos: indignam-se e imediatamente desfazem o equívoco daquele povo, mostrando-lhe que eram também homens como eles e que não passavam de simples instrumentos da vontade divina. Isto sirva de lição para os médiuns atuais, que não devem envaidecer-se com os frutos de sua mediunidade; não devem dar ouvidos a elogios que lhes cultivem a vaidade; saibam que são simples instrumentos da Espiritualidade e sem o auxílio de Deus nada poderão.

18 — Então sobrevieram de Antioquia e de Icônio alguns judeus, os quais, tendo ganhado para si a vontade do povo, e apedrejando a Paulo, o trouxeram arrastado fora da cidade, deixando-o por morto.

19 — Mas rodeando-o os discípulos. e levantando-se ele, entrou na cidade. E ao dia seguinte partiu com Barnabé para Derbe.

Jesus já tinha advertido seus discípulos de que ele os mandava como ovelhas no meio de lobos e por causa de seu nome seriam presos e açoitados. O Mestre não lhes prometeu facilidades, antes avisou-os das dificuldades com que se defrontariam ao pregar o Evangelho. Tal aconteceria porque vinham reformar o mundo, e a missão dos reformadores é cheia de tropeços e perigos. É o que experimenta hoje o Espiritismo: doutrina reformadora por excelência. tem contra si o ódio e o escarneo das religiões organizadas, e de quantos não querem sair do comodismo em que vivem.

A intriga dos judeus da sinagoga volta o povo contra os missionários e chegam a lapidar Paulo. Verificando terem firmado o Evangelho naquelas plagas, partem a arar novos campos.

20 — E tendo eles pregado o Evangelho àquela cidade e ensinado a muitos, voltaram para Listra, e Icônio, e Antioquia.

21 — Confirmando o coração dos discípulos e exortando-os a perseverar na fé; e que por muitas tribulações nos é necessário entrar no reino de Deus.

Depois de terem fixado o Evangelho em Derbe, os missionários fazem a viagem de retorno; estimulam os novos discípulos a perseverar nos ensinamentos recebidos, dado que a elevação espiritual de cada um exige muito esforço e muita luta. É o que atualmente o Espiritismo ensina: sem a reforma íntima à luz do Evangelho, em vão tentaremos penetrar nos planos superiores da Espiritualidade.

22 — Por fim, tendo-lhes ordenado em cada igreja seus presbíteros, e feito orações com jejuns, os deixaram encomendados ao Senhor em quem tinham crido.

23 — E atravessando a Pisídia, foram a Panfília.

24 — E anunciando a palavra do Senhor em Perge, desceram a Atália.

25 — E dali navegaram para Antioquia, de onde haviam sido encomendados à graça de Deus para a obra que concluíram.

26 — E havendo chegado, e congregado a igreja, contaram quão grandes coisas havia Deus feito com eles, e como havia aberto a porta da fé aos gentios

27 — E se detiveram com os discípulos não pouco tempo.

Visitando os núcleos já formados, os missionários os reorganizam, escolhendo os mais capazes para dirigi-los. Durante o trajeto de volta, não perdem nenhuma ocasião de pregar por onde passam. E chegando a Antioquia de onde tinham partido, são recebidos com regozijo. E narrando-lhes tudo quanto tinham feito e padecido pelo amor ao Evangelho.

CAPÍTULO XV

A questão acerca do rito mosáico; a assembléia de Jerusalém e sua decisão.

1 — E vindo alguns da Judéia, ensinavam assim aos irmãos: Pois se vos não circuncidais segundo o rito de Moisés, não podeis ser salvos.

O rito da circuncisão acompanha o povo judeu desde o tempo do patriarca Abraão, que o instituiu segundo lemos na Bíblia — Gênesis 17, 9-14, Ex.4,25-26, Josué 5,2-8. "Em sua origem, este costume não tinha nem a generalidade, nem a significação que lhe atribuíram mais tarde. Era uma operação que grande número de tribos semitas praticava e que tinha sua razão fisiológica". (Renan - História do Povo de Israel).

Não percebiam que o Evangelho liberta o homem de ritos materiais, só admissíveis na infância da humanidade e por. isso queriam subordiná-lo à lei de Moisés. Paulo — que pregava o Evangelho essencialmente aos gentios — sabia da repugnância que a circuncisão lhes causava, o que constituia sério embaraço na difusão do Evangelho entre eles; daí o seu empenho em isentá-los de semelhante prática. É de notar-se que tal exigência provinha dos que vinham do mosaísmo, os quais, abraçando o Evangelho, tentavam eivá-lo de cerimônias a que estavam habituados. O mesmo panorama se depara hoje no Espiritismo; recebendo em seu seio adeptos, em sua maioria, procedentes de outras religiões, espantam-se de nele não encontrar nenhum ritual, nenhum dogma, nenhum sacramento a que se acostumaram. Raros compreendem que o Espiritismo é uma religião que nos liberta de tudo aquilo e de quaisquer outras práticas exteriores; e que age no fundo de nossa alma pela reforma íntima à qual nos obriga; induz-nos à fé raciocinada e nos faz aceitar o Evangelho como uma norma de vida, um roteiro de renovação, um guia a aperfeiçoar-nos a consciência e o coração.

> 2 — E tendo-se movido uma disputa não mui pequena de Paulo e Barnabé contra eles, sem os convencer, resolveram que fossem Paulo e Barnabé, e alguns dos outros, aos Apóstolos e aos presbíteros de Jerusalém sobre a questão.

Em questões do Evangelho, os Apóstolos, que haviam convivido com Jesus, representavam a suprema autoridade para resolve-las. E assim forma-se uma comissão, chefiada por Paulo e Barnabé, para tratar com eles do momentoso assunto da circuncisão.

> 3 — Eles pois, acompanhados pela igreja, passavam já pela Fenícia e pela Samaria, contando a conversão dos gentios; e davam grande contentamento a todos os irmãos.

A comissão visitava os núcleos cristãos que encontrava no caminho e lhes relatava as numerosas conversões dos gentios; e se rejubilavam todos com a rápida propagação do Evangelho.

4 — E tendo chegado a Jerusalém, foram recebidos pela igreja, e pelos Apóstolos e pelos presbíteros, aos quais eles referiam quão grandes coisas tinha obrado Deus com eles.

5 — Mas levantaram-se alguns da seita dos fariseus que abraçaram a fé, dizendo: É necessário pois que os gentios sejam circuncidados, e mandar-lhes também que observem a lei de Moisés.

Em Jerusalém a comissão se hospeda na instituição mantida pelos Apóstolos, da qual se irradiava o Evangelho para os judeus, assim como de Antioquia ele se difundia entre os gentios. O problema da circunscisão praticamente não existia para o núcleo de Jerusalém, composto de judeus ainda observantes da lei de Moisés; contudo era muito grave para o de Antioquia. Os gentios queriam o Evangelho e nada mais; os judeus exigiam que os que o abraçassem se submetessem também à lei de Moisés; daí as discussões. Paulo compreendeu que o gentio jamais aceitaria o Evangelho vinculado à lei de Moisés; por isso resolve trabalhar pela independência do Evangelho. Do mesmo modo, devemos hoje lutar pela pureza do Espiritismo, não permitindo que ele se eive de vícios, dogmas, sacramentos, práticas exteriores, superstições e coisas quejandas, provenham de onde provierem.

6 — Congregaram-se pois os Apóstolos e os presbíteros para examinar este ponto.

Era a reunião ardentemente desejada por Paulo e por ele provocada; nela se jogaria o destino do Evangelho: dela sairia ele independente ou se converteria numa simples seita mosaica? É o que veremos a seguir.

7 — E depois de se fazer sobre ele um grande exame, levantando-se Pedro, lhes disse: Varões irmãos, vós sabeis que desde os primeiros dias ordenou Deus entre nós que da minha boca ouvissem os gentios a palavra do Evangelho, e que cressem.

Examinaram detida e meticulosamente o ponto controverso. Pedro representava o bom senso naquela assembléia; sem se deixar envolver por uma ou outra opinião, citou suas próprias experiências, quando foi enviado ao centurião Cornélio.

8 — E Deus, que conhece os corações, se declarou por eles, dando-lhes o Espírito Santo, assim como também a nós.

9 — E não fez diferença alguma entre nós e eles, purificando com a fé os seus corações.

Pedro notara a satisfação íntima com que os gentios recebiam o Evangelho; e, com seu senso prático, reconheceu que ele tinha mais receptividade nos povos não judaicos, por se acharem livres dos dogmas e preconceitos do judaísmo.

10 — Logo porque tentais agora a Deus, pondo um jugo sobre a cerviz dos discípulos, que nem nossos pais, nem nós pudemos suportar?

De fato, o mosaismo lhes impunha cerimônias exteriores tão pesadas, que acabavam na hipocrisia. Isto levou Jesus a chamá-los de túmulos caiados, belos por fora mas imundos por dentro.

11 — Mas nós cremos que pela graça do Senhor Jesus Cristo somos salvos, assim como eles também o foram.

Todos quantos fizerem do Evangelho o roteiro de suas vidas, serão salvos, ou seja, sairão do círculo das reencarnações dolorosas, caminhando para realizações superiores. Esta é a graça que Jesus estende a todos os seus aprendizes.

12 — Então toda a assembléia se calou e escutava a Barnabé e a Paulo, que lhes contavam quão grandes milagres e prodígios fizera Deus por intervenção deles aos gentios.

O povo hebreu — que se dizia o povo escolhido — julgava que só com ele o Altíssimo se comprazia, desprezando os outros. O relato de Barnabé e Paulo lhes demonstrou que o Pai cuida de todos os seus filhos, pertençam a que raça pertencerem. E hoje o Espiritismo nos revela a estreita solidariedade que há entre os povos, constituindo a humanidade uma única e imensa família.

13 — E depois que eles se calaram, entrou a falar Tiago, dizendo: Varões irmãos, ouvi-me:

14 — Simão tem contado como Deus primeiro visitou os gentios, para tomar deles um povo para o seu nome.

É relembrado aqui o episódio do centurião Cornélio, ao qual Pedro fora enviado e se convertera a si e a toda sua família e servos. Tomar do gentio um povo, isto é, fazê-lo conhecer o Deus único, o Pai Altíssimo, e seguir-lhe as leis sábias e justas.

15 — E com isto concordam as palavras dos profetas, como está escrito:

16 — Depois disto eu voltarei, e edificarei de novo o tabernáculo de Davi, que caiu; e repararei as suas ruínas e o levantarei;

17 — Para que o resto dos homens busquem a Deus, e todas as gentes, sobre as quais tem sido invocado o meu nome, diz o Senhor, que faz estas coisas.

18 — Pelo Senhor é conhecida a sua obra desde a eternidade.

Através das páginas do Velho Testamento abundam as profecias sobre a vinda de Jesus, e de seu Evangelho, sob o qual se confraternizariam todos os homens, edificando então o universal e verdadeiro templo de Deus, o Pai Altíssimo. A profecia que Tiago cita é do profeta Amós, que vivera cerca de 750 anos A.C. Profeta universalista, Amós pregava que Deus cuida de todas as nações, e não somente de Israel, e que todas estão sujeitas ao julgamento, como obra sua que são. E o Espiritismo, hoje, propagando-se pelo mundo inteiro, apressa ainda mais a universalização do Evangelho, e a conseqüente união dos povos.

19 — Pelo que julgo eu que se não devem inquietar os que dentre os gentios se convertam a Deus,

20 — Mas que se lhes deve somente escrever que se abstenham das contaminações dos ídolos, e da fornicação, e das carnes sufocadas e do sangue.

21 — Porque Moisés, desde tempos antigos, tem em cada cidade homens que o preguem nas sinagogas, onde é lido cada sábado.

A formalidade da circuncisão era inquietante para os gentios. Liberto da circuncisão, o Evangelho se tornaria universal por apartar-se definitivamente do judaísmo. Todavia, posto que abrissem mão da circuncisão para o gentio que se convertia, mesmo assim deliberam que os novos conversos observem quatro preceitos mosaicos:

1.º — absterem-se das contaminações dos ídolos;

2.º — absterem-se da fornicação;

3.º — absterem-se das carnes sufocadas;

4.º — absterem-se do sangue.

Absterem-se das contaminações dos ídolos: Como os deuses do paganismo eram representados por estátuas ou ídolos, deveriam não mais prestar-lhes culto, e passariam a adorar o Deus único, segundo o preceito: "Não terás deuses estrangeiros diante de mim. Não farás para ti imagem de escultura, nem figura alguma de tudo o que há em cima no céu, e do que há embaixo na terra, nem de coisa que haja nas águas debaixo da terra. Não fareis para vós nem deuses de prata, nem deuses de ouro".

Absterem-se da fornicação: Não serem luxuriosos, e guardarem a pureza dos costumes.

Absterem-se das carnes sufocadas: As carnes sufocadas eram provenientes dos animais sacrificados aos ídolos, e depois vendidas ou distribuídas ao povo. Como os animais eram estrangulados, o sangue deles não escorria de seus corpos; por isso a lei mosaica proibia o consumo dessa carne que continha sangue.

Absterem-se do sangue: O Levítico, 3:17, prescreve: "Por um foro perpetuo em todas as vossas gerações e moradas, nunca jamais comereis sangue, nem gordura".

Tais eram os preceitos que a assembléia, por boca de Tiago, impunha ao gentio convertido. O principal obstáculo — a circuncisão — fora removido. Quanto à idolatria e a luxúria, sendo atos detestáveis para a vida de cada um, as pessoas bem formadas os evitariam; e quanto à carne e ao sangue, o que importava era não cometerem excessos.

> 22 — Então pareceu bem aos Apóstolos e aos presbíteros, com toda a igreja, eleger varões dentre eles, e enviá-los a Antioquia com Paulo e Barnabé; enviando a Judas, que tinha o sobrenome de Barsabas, e a Silas, varões principais entre os irmãos.

Uma vez as questões resolvidas satisfatoriamente, Paulo e Barnabé voltam a Antioquia; em sua companhia seguem Barsabas e Silas, os quais testemunhariam perante os novos conversos as resoluções tomadas.

> 23 — Escrevendo-lhes por mão deles assim: Os Apóstolos e os presbíteros irmãos àqueles irmãos convertidos dos gentios que se acham em Antioquia, e na Síria, e na Cilícia, saúde.

24 — Porquanto havemos ouvido que alguns têm saído de vós, transtornando os vossos corações, vos têm perturbado com palavras sem lhes termos mandado tal;

25 — Aprouve-nos a nós, congregados em concílio, escolher varões, e envia-los a vós, com os nossos mui amados Barnabé e Paulo,

26 — Que são uns homens que têm exposto as suas vidas pelo nome de Nosso Senhor Jesus Cristo.

27 — Enviamos portanto a Judas e a Silas, que até de palavras eles vos exporão as mesmas coisas.

28 — Porque pareceu bem ao Espírito Santo, e a nós, não vos impôr mais encargos' do que os necessárias que são estes;

29 — A saber: que vos abstenhais do que tiver sido sacrificado aos ídolos, e do sangue, e das carnes sufocadas, e da fornicação, das quais coisas fareis bem de vos guardar. Deus seja convosco.

Esta carta é de suma importância; ela é a certidão de nascimento do Cristianismo que, de uma seita obscura do judaismo, passa a ser uma religião universal. Paulo, defendendo seus amados gentios, vencera todos os preconceitos, e ritos, e sacramentos, e cerimonias exteriores; e erguia em suas mãos, bem alto, o Evangelho em toda sua pureza, para oferecê-lo ao mundo.

30 — Eles, enviados assim, foram a Antioquia; e havendo congregado a multidão dos fiéis entregaram a carta;

31 — A qual, tendo eles lido, se encheram de contentamento pela consolação que lhes causou.

32 — E Judas e Silas, como também profetas que eram, consolaram com muitas palavras aos irmãos, e os confirmaram na fé.

A decisão dos Apóstolos de Jerusalém causa-lhes grande contentamento. E os Espíritos, pela mediunidade de Barsabas e Silas, exortam a todos a que permaneçam fiéis ao bom trabalho.

33 — E tendo-se demorado ali por algum tempo, foram remetidos em paz, pelos irmãos, aos que lhos tinham enviado.

34 — A Silas, contudo, pareceu bem ficar ali, e Judas foi só para Jerusalém.

35— E Paulo e Barnabé se demoraram em Antioquia, ensinando e pregando com outros muitos a palavra do Senhor.

Terminada a missão que lhes fora designada, Silas e Judas ficam livres para retornarem a Jerusalém; porém só Barsabas voltou, ficando Silas para ajudá-los. Paulo e Barnabé aproveitam alguns dias para merecido descanço, pregar o Evangelho com os companheiros, e pôr em ordem as coisas daquela comunidade cristã.

Separação entre Paulo e Barnabé

36 — E dali a alguns dias, disse Paulo a Barnabé: Tornemos a ir visitar os irmãos por todas as cidades em que temos pregado a palavra do Senhor, para ver como se portam.

A questão da circuncisão não abalara apenas a comunidade de Antioquia; ela se fazia sentir em outras comunidades cristãs e também nas que Paulo e Barnabé tinham fundado. Era justo, por conseguinte que, agora que ela tinha sido resolvida a contento, todas fossem avisadas da grande resolução. E para isso era preciso ir a elas, já que não se gozava naquela época das facilidades de comunicação de que gozamos hoje.

37 — E Barnabé queria também levar consigo João, que tinha por sobrenome Marcos.

38 — Mas Paulo lhe rogava, tendo por justo que (pois se havia separado deles desde Panfília, e não havia ido com eles à obra) não devia ser admitido.

39 — E houve tal desavença entre eles, que se separaram um do outro, e assim Barnabé, levando consigo a Marcos, navegou para Chipre.

A recusa de Paulo em levar João Marcos fundamenta-se em não julgá-lo ainda amadurecido para semelhante empreendimento. João Marcos era muito jovem; encontrariam pela frente perseguições, prisões, açoites, como da primeira vez; e Marcos recuaria novamente, comprometendo-lhes a semeadura; não convinha arriscar. Todavia Paulo remedeia a situação, enviando Barnabé e João Marcos para Chipre, onde inspecionariam as comunidades ali fundadas, e lhes dariam conta da resolução dos Apóstolos de Jerusalém, no tocante à circuncisão.

Paulo empreende uma segunda viagem missionária na companhia de Silas e Timóteo.

40 — E Paulo, tendo escolhido a Silas, partiu, encomendado pelos irmãos à graça de Deus.

41 — E andava pela Síria e pela Cilícia, confirmando as igrejas, ordenando-lhes que guardassem os cânones dos Apóstolos e dos presbíteros.

Em sua segunda viagem missionária, Paulo alarga o seu campo de ação, reorganizando os grupos já fundados e pregando também em outras paragens. A todos Paulo levava a decisão dos Apóstolos de Jerusalém quanto à circuncisão e aos demais ítens.

CAPÍTULO XVI

1 — E chegou a Derbe e a Listra. E eis que havia ali um discípulo por nome Timóteo, filho de uma mulher fiel de Judéia, de pai gentio.

2 — Deste davam bom testemunho os irmãos que estavam em Listra e em Icônio.

Paulo revê os núcleos de Derbe e de Listra, fundados em sua primeira viagem missionária; nestas cidades conquistaram grande número de adeptos e sofreram duras provas e perseguições; encontram ali Timóteo, filho de mãe israelita e de pai grego. Timóteo e sua mãe converteram-se ao Evangelho, na primeira visita de Paulo, e encarregaram-se de cuidar do núcleo criado. Pelo seu zelo para com o Evangelho, Timóteo era benquisto da comunidade cristã, realizando fecundo trabalho naquelas paragens.

3 — Quis Paulo que este fosse em sua companhia, e tomando-o, o circuncidou, por causa dos judeus que havia naqueles lugares. Porque todos sabiam que seu pai era gentio.

Como as pregações de Paulo eram feitas nas sinagogas dos judeus, Paulo submete Timóteo à circuncisão, para evitar discussões e querelas. Daqui por diante, Timóteo será um dos principais auxiliares de Paulo nos seus labores apostólicos.

4 — E quando passavam pelas cidades. lhes ensinavam que guardassem os decretos que haviam sido estabelecidos pelos Apóstolos e pelos presbíteros que estavam em Jerusalém.

5 — E com efeito as igrejas eram confirmadas na fé e cresciam em número cada dia.

Por onde passavam, reorganizavam os grupos existentes e os cientificavam das decisões dos Apóstolos de Jerusalém, recomendado-lhes irrestrita obediência a elas.

6 — E atravessando a Frígia e a província da Galácia, foram proibidos pelo Espírito Santo de anunciarem a palavra de Deus na Ásia.

7 — E tendo chegado à Mísia, intentaram passar a Bitínia; mas o Espírito de Jesus lho não permitiu.

8 — E depois de haverem atravessado a Mísia, baixaram a Trôade.

Ao buscar novos campos para semear o Evangelho, Paulo percebe intuitivamente quais as cidades a evitar e a quais se dirigir; é o Plano Espiritual que o guia, através de sua mediunidade, encaminhando-o aos lugares onde mais profícua seria sua ação. Do mesmo modo hoje, se bem souberem ver, os trabalhadores do Espiritismo perceberão que sempre situam-se onde mais se tornem necessários.

A visão em Trôade. Paulo passa à Macedônia e prega em Filipos. Lídia. A pitoniza. O carcereiro de Filipos.

9 — E de noite foi representada a Paulo esta visão: Achava-se ali em pé um homem macedônio que lhe rogava e dizia: Tu, passando à Macedônia. ajuda-nos.

10 — E assim que teve esta visão, procuramos partir para Macedônia, certificados de que Deus nos chamava a ir pregar-lhes o Evangelho.

11 — Tendo-nos pois embarcado em Trôade, viemos em direitura a Samotrácia, e ao outro dia a Nápoles.

12 — E daí a Filipos, que é uma colonia e cidade principal daquela parte da Macedônia. E nesta cidade nos detivemos alguns dias conferindo.

Por um Espírito que se lhe torna visível, Paulo é chamado à Macedônia; compreendendo os designios divinos, parte para lá imediatamente. E como Filipos era a cidade principal daquela região, os missionários começam por ela seus trabalhos evangélicos. É de notar-se que pela primeira vez o Evangelho é pregado em terras da Europa.

Aqui a narrativa muda; Lucas emprega o pronome "nós" demonstrando assim que em Trôade ele se junta a Paulo. Do capítulo 1 ao 15, Lucas escreve baseado nos relatos que lhe fornecem; escreve o que ouve das testemunhas que presenciaram os fatos; do capítulo 16 em diante narra os acontecimentos que vê, dos quais participa; vive enfim o que descreve; a narrativa torna-se mais vívida, mais expressiva; e cronologicamente falando, é mais precisa. E Lucas não o deixa mais até sua prisão em Roma.

13 — E um dia dos sábados saímos fora da porta junto ao rio, onde parecia que se fazia oração; e assentando-nos ali, falavamos às mulheres que haviam concorrido.

Em Filipos não havia sinagoga; parece que a colonia judaica era pequena e pobre, não comportando a feitura de uma. Paulo soube que à margem do rio que banhava a cidade, havia um local ao ar livre, freqüentado provavelmente por lavadeiras, onde costumavam reunir-se para suas orações. Nesse ambiente bucólico, livre de toda e qualquer pompa, acompanhado pelo suave murmúrio das águas, Paulo transmite a seus humildes ouvintes a sublime mensagem de Jesus.

> 14 — E uma mulher por nome Lídia, da cidade dos tiatirenos, que comerciava em púrpura, serva de Deus, ouviu; o Senhor lhe abriu o coração, para atender àquelas coisas que por Paulo eram ditas.
>
> 15 — E tendo sido batizada ela e sua família, fez esta deprecação, dizendo: Se haveis feito juízo de que sou fiel ao Senhor, entrai em minha casa e pousai nela. E nos obrigou a isso.

Em suas viagens missionárias, Paulo, sempre encontrava, nas cidades onde pregava, ouvintes que sobressaíam aos outros em interesse pelas coisas espirituais; e aproveitava-os habilmente para com eles fundar núcleos de irradiação do Evangelho. Aqui vemos Lídia, a comerciante de púrpura, provendo os meios de se instalar em Filipos um grupo cristão; e ante seu pedido, os missionários se hospedam em sua casa.

> 16 — E aconteceu pois que, indo nós à oração, nos encontrou uma moça que tinha o espírito de Píton, a qual com suas advinhações dava muito lucro a seus amos.

É a exploração da mediunidade. Vemos aqui um médium colocando sua mediunidade a serviço de Espíritos inferiores, que se compraziam em responder às consultas de interesses puramente materiais, mediante pagamento. Tais médiuns, naquela época, eram denominados pitonizas, por acreditarem os antigos que era o Espírito de Píton, uma serpente mitológica que dava as respostas. Chamavam também de Pitons aos Espíritos que se comunicavam pela pitoniza.

> 17 — Esta, seguindo a Paulo e a nós, gritava dizendo: Estes homens são servos do Deus Excelso, que vos anunciam o caminho da salvação.
>
> 18 — E isto fazia muitos dias. Mas Paulo indignando-se já, e tendo-se voltado para ela, disse: Eu te mando em nome de Jesus que saias desta mulher. E ele na mesma hora saiu.

Espíritos inferiores que eram, e mesmo maldosos, procuram desenvolver a presunção no coração dos missionários, prodigalizando-

107

-lhes elogios. Paulo, porém, não se engana; ciente de sua própria inferioridade em relação ao título que o Espírito lhe outorga pela boca da pitoniza, indigna-se e com sua superioridade moral manda que o Espírito se retire, promovendo assim a cura daquela obsidiada. Este exemplo de Paulo deve sempre ser imitado pelos médiuns atuais.

É comum nas sessões espíritas comparecerem Espíritos inferiores tributando altos louvores aos médiuns e aos dirigentes das sessões; tentam despertar-lhes a vaidade para levá-los ao fracasso; devem ser energicamente repelidos e colocados em seus devidos lugares.

> 19 — E vendo seus amos que se lhes tinha acabado a esperança do seu lucro, pegando em Paulo e em Silas, os levaram à praça, aos do governo.

A atitude de Paulo foi de encontro aos interesses dos amos da pitoniza — diremos melhor dos donos dela, porque era uma escrava — cuja mediunidade lhes constituía excelente fonte de renda; e com a expulsão dos obsessores que se serviam dela, já não ganhariam dinheiro; procuram então vingar-se dos missionários, acusando-os perante as autoridades.

A respeito da exploração da mediunidade, vale transcrever aqui um comentário de Léon Denis, de seu livro "No Invisível", 4.ª edição da FEB, 1939, página 400 e seguintes: "Para conservar seu prestígio moral, para produzir frutos de verdade, deve a mediunidade ser praticada com elevação e despreendimento, sem o que se torna uma fonte de abusos, instrumento de contradição e desordem, do que se utilizarão as entidades malfazejas. O médium venal é como o mau sacerdote, que introduz no santuário suas paixões egoísticas e seus interesses materiais. A comparação não é destituída de propriedade, porque também a mediunidade é uma espécie de sacerdócio. Todo ser humano distinguido com esse dom deve preparar-se para fazer sacrifício de seu repouso, de seus interesses e mesmo de sua felicidade terrestre; mas assim procedendo, obterá a satisfação de sua própria consciência e se aproximará de seus guias espirituais.

"Mercadejar com a mediunidade é dispor de uma coisa de que não se é dono; é abusar da boa vontade dos mortos, pô-los ao serviço de uma obra indigna deles e desviar o Espiritismo de seu fim providencial. É preferível para o médium procurar noutra parte os meios de subsistência e só consagrar às sessões o tempo que lhe ficar disponível. Com isso ganhará estima e consideração."

20 — E apresentando-se aos magistrados disseram: Estes homens amotinam a nossa cidade, porque são judeus.

21 — E pregam um modo de vida que a nós não é lícito receber nem praticar, sendo romanos

Nenhuma acusação foram capazes de produzir aos magistrados contra Paulo e Silas, além de que eram judeus e pregavam um gênero de vida diferente do seguido pelos romanos. Realmente os costumes romanos diferiam grandemente dos de outros povos. Os judeus, educados sob a lei de Moisés, mantinham uma vida pura, moralizada, que contrastava de muito com a vida quase que licenciosa dos povos seguidores do paganismo. E aos romanos, cuja economia se assentava na pilhagem e na escravatura, era odioso ouvir falar de humildade e de amor ao próximo pregado pelos missionários.

22 — E acudiu o povo, pondo-se contra eles; e os magistrados, rasgados os vestidos deles, mandaram que fossem açoitados com varas.

23 — E depois de muito bem os terem fustigado, os meteram numa prisão, mandando ao carcereiro que os tivesse a bom recado.

24 — Ele, tendo recebido uma ordem tal como essa, os meteu em um segredo, e lhes apertou os pés no cepo.

Jesus, o Mestre Inolvidável, não prometeu facilidades nenhumas a seus discípulos; disse-lhes que a paga que teriam do mundo em troca de seus trabalhos evangélicos, seria açoites, prisões, lágrimas, suores, canseiras e incompreensão até o completo triunfo do Evangelho em todos os corações. Por isso o trabalhador do Evangelho precisa armar-se de muita paciência para não se desesperar e para que seu trabalho seja proveitoso.

25 — Mas à meia-noite, postos em oração Paulo e Silas, louvavam a Deus; e os que estavam na prisão os ouviam.

Exemplo de fé. É nas horas amargas de nossa vida, que devemos apegar-nos ao Altíssimo, ao nosso Pai Celestial, pois só ele será capaz de mitigar nossos sofrimentos, de derramar em nossas feridas o bálsamo consolador da esperança.

Paulo e Silas, feridos pelas varadas, no fundo de escuro calabouço, com os pés metidos no tronco, nem por isso se desesperam, nem por isso maldizem a sorte, mas entoam um cântico de louvores a Deus.

26 — E subitamente se sentiu um terremoto tão grande, que se moveram os fundamentos do cárcere. E se abriram logo todas as portas e foram soltas as prisões de todos.

E o Pai não os deixou sem resposta; não os desamparou; libertou-os, proporciondo-lhes mais uma oportunidade de dar o testemunho de bons trabalhadores.

Nossas rogativas ao Pai jamais ficam sem resposta; se não atendidas de modo tão ostensivo como acabamos de ver, brando confôrto se apossa de nós fortificando-nos para bem suportarmos nossas provas e expiações.

Mais uma vez a mediunidade vem em socorro dos missionários. O fenômeno acima descrito pertence à mediunidade de efeitos físicos, muito bem explicado pelo Espiritismo em sua parte científica.

27 — Tendo pois despertado o carcereiro, e vendo abertas as portas do cárcere, tirando da espada queria matar-se, cuidando que eram fugidos os presos.

28 — Mas Paulo lhe bradou mui de rijo, dizendo: Não te faças nenhum mal, porque todos aqui estamos.

O primeiro ímpeto do carcereiro ao ver abertas as portas da prisão foi de matar-se, temeroso das conseqüências funestas que lhe adviriam da fuga dos presos. Todavia, sensibilizados pelas palavras de Paulo que lhes pregava o Evangelho, os encarcerados nem sequer tentaram a fuga. Paulo, pressentindo o desespero do carcereiro, apressa-se a tranqüilizá-lo.

29 — Então, tendo pedido luz, entrou dentro; e todo tremendo se lançou aos pés de Paulo e de Silas;

30 — E tirando-os para fora, disse-lhes: Senhores, que é necessário que eu faça para me salvar?

31 — E eles lhe disseram: Crê no Senhor Jesus e serás salvo tu e a tua família.

32 — E lhe pregaram a palavra do Senhor e a todos os que estavam em sua casa.

É fora de dúvida que o carcereiro estava ao par dos acontecimentos que culminaram com a prisão dos missionários; e lembran-

110

do-se de suas pregações e dos atos por eles praticados, e agora com as portas da prisão abertas sem ele saber como, uma vez que as chaves delas pendiam de sua cintura, apodera-se dele o temor e reconhece neles seres superiores. E como ensinavam o caminho da salvação, o Evangelho, nada mais simples para ele do que se lhes lançar aos pés e fazer-lhes a pergunta; e Paulo lhe responde que era crer em Jesus e seguir-lhe os ensinamentos.

33 — E tomando-os naquela mesma hora da noite, lhes lavou as chagas; e imediatamente foi batizado ele e toda a sua família.

34 — E havendo-os levado à sua casa, lhes pôs a mesa e se alegrou com todos os de sua casa, crendo em Deus

Somente um ânimo muito forte como o de Paulo e Silas poderia suportar o desconforto daquela noite; tiveram suas roupas rasgadas, foram açoitados, feridos, presos numa masmorra infecta, sem luz, com as pernas apertadas num tronco, famintos, sujos e sangrando, estirados no lajedo frio e úmido, as dores a martirizá-los, ainda assim não desesperam. E por fim veio a resposta a suas preces; e são tratados pelo carcereiro em cujo lar depositam a semente do Evangelho e a crença no Pai Único, Criador de todas as coisas.

35 — E quando foi dia, lhes mandaram dizer os magistrados pelos litores: Deixa ir livres esses homens.

36 — E o carcereiro fez aviso desta ordem a Paulo: Já os magistrados mandaram que sejais postos em liberdade; agora pois, saindo daqui, ide em paz.

37 — Então Paulo lhes disse: Açoitados publicamente sem forma de juízo, sendo romanos, nos meteram no cárcere e agora nos lançam fora em segredo? Não será assim; mas venham,

38 — E tirem-nos eles mesmos. E os litores deram parte destas palavras aos magistrados. E estes temeram, quando ouviram que eram romanos;

39 — E vindo lhes pediram perdão e, tirando-os, lhes rogavam que saíssem da cidade.

Durante todo seu apostolado, Paulo evita invocar sua qualidade de cidadão romano para defender-se; talvez agisse assim para não exacerbar ainda mais os ânimos de seus ouvintes judeus, para os quais tudo o que se relacionasse com Roma lhes era particularmente odioso. Como os romanos eram temidos e respeitados em toda parte, é possível que aqui em Filipos, recorrendo à sua cidadania romana,

Paulo quisesse proteger e fazer respeitada a igreja nascente em casa de Lídia, como tendo sido um romano e não um judeu quem a fundou.

A cidadania romana conferia a seu possuidor grandes regalias, tanto assim que os magistrados compareceram prontamente ao chamado de Paulo, logo que o souberam um cidadão romano; e pedem-lhe perdão pelo que o fizeram sofrer. Hoje não sabemos exatamente em que consistia cada uma das leis que protegia o cidadão romano, e quais os direitos que essas leis lhe conferiam. O que é certo é que nenhum cidadão romano podia ser açoitado ou supliciado, ou sofrer a pena de morte, sem ter a possibilidade, em último recurso, de apelar para o povo romano. A pena de morte na cruz jamais lhe podia ser aplicada. O direito de apelo ao povo romano foi confirmado desde o ano 509 A.C. pela lei Valéria; no ano 199 A.C., o tribuno P. Porcius Laeca reforçou-o e deu-lhe maior amplitude pela lei Porcia; em seguida, C. Gracchus pelas leis Simpronias. Os magistrados de Filipos, ao açoitarem e prenderem Paulo no tronco, violam todas essas leis, o que lhes acarretava severa punição por parte de Roma; daí o temor que se apossa deles.

> 40 — Saindo pois do cárcere, entraram em casa de Lídia; e como viram os irmãos, os consolaram e logo partiram.

Tão logo se vêem livres, dirigem-se à casa de Lídia; tranqüilizam-na, planificam os trabalhos evangélicos que ali se desenvolveriam e partem em seguida.

CAPÍTULO XVII

Paulo em Tessalônica e em Beréia

> 1 — E tendo passado por Anfípolis e Apolônia, chegaram a Tessalônica, onde havia uma sinagoga de judeus.
>
> 2 — E Paulo entrou a eles, segundo o seu costume, e por três sábados disputou com eles sobre as Escrituras,
>
> 3 — Declarando e mostrando que havia sido necessário que Cristo padecesse e ressurgisse dos mortos; e este, dizia, é o Jesus Cristo que eu vos anuncio.
>
> 4 — E alguns deles creram e se agregaram a Paulo e a Silas, como também uma grande multidão de prosélitos e de gentios e não poucas mulheres de qualidade.

Certamente, ao passarem por Anfípolis e Apolônia, os missionários não deixaram de pregar o Evangelho às populações daquelas aldeias, bem como às de outras que encontraram pelo caminho. Entretanto, como em Tessalônica havia uma sinagoga, Paulo fez dessa cidade o centro de suas pregações naquela região.

A disputa sobre as Escrituras consistia em analizarem os cinco livros de Moisés: o Gênesis, o Êxodo, o Levítico, o Números e o Deuteronômio, estudando-lhes as passagens que profetizavam sobre Jesus e comparando-as com anotações evangélicas que Paulo possuia. Diante da lógica que os fatos demonstravam, houve os que se convenceram e aceitaram o Evangelho. E bom número dentre o povo, tomando conhecimento duma doutrina que lhe dava forças para enfrentar a vida áspera de todos os dias, aderiu facilmente aos missionários.

> 5 — Porém os judeus, levados de zelo, e fazendo seus alguns da escória do vulgo, maus homens, com esta gente junta amotinaram a cidade; e bloqueando a casa de Jason, procuravam apresentá-los ao povo.
>
> 6 — E como os não tivessem achado, trouxeram por força a Jason e a alguns irmãos à presença dos magistrados da cidade, dizendo a gritos: Estes são pois os que amotinam a cidade, e vieram a ela,
>
> 7 — Aos quais recolheu Jason, e eles todos são rebeldes aos decretos de Cesar, sustentando que há outro rei que é Jesus.
>
> 8 — E amotinaram o povo e os principais da cidade ao ouvirem estas coisas.
>
> 9 — Mas depois que Jason e os outros deram caução, os deixaram ir.

Contudo, não durou muito a paz de que os missionários gozavam. A intolerância religiosa a serviço das trevas, que sempre tentou cercear o pensamento humano e apagar as luzes da Espiritualidade Superior, novamente procura anular a obra de Paulo; para isso vale-se de marginais, que sempre há deles em qualquer parte, os quais desencadearam motins, cujo alvo seria a expulsão deles da cidade. Jason, a exemplo de Lídia, os hospedara em sua casa; e como no momento do ataque à sua casa não os encontrassem, ele e alguns companheiros sofrem as conseqüências.

> 10 — E os irmãos, logo que chegou a noite, enviaram a Paulo e a Silas a Beréia. Os quais, tendo lá chegado, entraram na sinagoga dos judeus.
>
> 11 — Estes pois eram mais generosos do que aqueles que se acham em Tessalônica; os quais receberam a palavra com

ansioso desejo, indagando todos os dias nas Escrituras se estas coisas eram assim.

12 — De sorte que foram muitos dentre eles que creram e dos gentios muitas mulheres nobres e não poucos homens.

Saem às escondidas de Tessalônica para Beréa. Segundo o costume, procuram a sinagoga. Encontram pessoas mais esclarecidas e mais liberais que de boa vontade compulsam as Escrituras no sincero desejo de verificar se as palavras dos missionários têm apoio nelas. E como chegassem à conclusão de que os novos ensinamentos em nada contradiziam os antigos, de bom grado aceitam o Evangelho. Este é um excelente exemplo de como devemos proceder com as idéias novas: antes de rejeitá-las, devemos analisá-las muito bem. É interessante notar-se que, embora Paulo pregasse nas sinagogas dos judeus, muitos gentios e muitas mulheres nobres e não poucos homens se converteram. É porque entre os gentios, grande número deles tinha repudiado o paganismo, e procurado um culto mais puro e mais adiantado, tal como o judaísmo lhe podia oferecer. Esses gentios conversos ao judaísmo mais facilmente abraçavam o Cristianismo por ser uma religião mais simples e que mais diretamente lhes tocava o coração.

13 — Porém como os judeus de Tessalônica soubessem que também em Beréa tinha sido pregada por Paulo a palavra de Deus, foram também lá comover e sublevar o povo.

14 — E logo entre os irmãos deram modo a que Paulo se retirasse e fosse para a parte do mar; porém Silas e Timóteo ficaram ali.

15 — E os que acompanhavam a Paulo o levaram até Atenas, e depois de haverem dele recebido ordem para dizerem a Silas e a Timóteo que muito à pressa viessem a ele, partiram logo.

Não tardou que a intolerância de novo apanhasse os pregadores; dessa vez ela os seguiu de Tessalônica, obrigando-os a sair de Beréa; mas partiam contentes; a semente estava plantada e germinaria e haveria de dar frutos em abundância.

Paulo encerra aqui sua missão na Macedônia. Os resultados foram fecundos. Novos nucleos de irradiação do Evangelho tinham sido fundados, a beneficiar vasta região. E cheio de entusiasmo, daquele entusiasmo sadio que nunca o deixou por mais adversas que se lhe deparassem as circunstâncias, Paulo vai para Atenas, disposto a levar ao mundo grego o Evangelho de Jesus. E recomenda a Silas e a Timóteo que, sem perda de tempo, se juntem a ele naquela cidade.

Paulo em Atenas; o seu discurso no Areópago.

16 — E enquanto Paulo os esperava em Atenas, o seu espírito se sentia comovido em si mesmo, vendo a cidade toda entregue à idolatria.

17 — Disputava portanto na sinagoga com os judeus e prosélitos e na praça todos os dias com aqueles que se achavam presentes.

18 — E alguns filósofos epicúreos e estóicos disputavam com ele e uns diziam: Que quer dizer este paroleiro? E outros: Parece que é pregador de novos deuses; porque lhes anunciava Jesus e a ressurreição.

Conquanto já em decadência, ainda floresciam na Grecia os mais variados cultos pagãos. E Paulo, educado na religião de Moisés, no culto do Deus único, e agora iluminado pelas sacrossantas luzes do Evangelho, entristecia-se por ver o povo distanciado da Verdade. Fiel ao seu costume, dirige-se à sinagoga, onde expõe o Evangelho, firmando-se nas Escrituras. Quanto ao disputar em praça pública, era um antigo costume que tinham de reunir-se sob os pórticos da cidade, e ali discutir religião, filosofia, política, etc. Paulo aproveita-se desse hábito para falar diretamente aos atenienses.

O intelectualismo e as falsas filosofias, totalmente divorciadas do coração, dominavam o povo grego; e como o Evangelho se dirige essencialmente ao coração do homem, pouca ou nenhuma repercussão teve entre os ouvintes de Paulo naquela época. Os filósofos epicúreos seguiam a filosofia de Epicuro, filósofo grego nascido na ilha de Samos, no ano 342 A.C. Sua filosofia ensinava que o prazer era o único bem a que o homem deve aspirar. Os estóicos seguiam a filosofia de Zeno, também filósofo grego nascido em Citium, na ilha de Chipre e estabelecido em Atenas no ano 310 A.C. onde manteve uma escola de filosofia. Ensinava que o homem deve libertar-se das paixões, não se emocionar nem pela alegria nem pela tristeza, e submeter-se sem queixumes às forças irresistíveis que governam todas as coisas.

É evidente que diante de tais ouvintes, pouco ou nenhum êxito Paulo podia obter. E ainda hoje, como no tempo de Paulo, o mesmo

115

venenoso intelectualismo, e as mesmas falsas filosofias cegam o homem, não o deixando ver o Caminho, a Verdade e a Vida. Porém com o advento do Espiritismo, e através dessa união íntima que se estabeleceu entre os homens e os Espíritos, através da mediunidade que hoje brota em todos os lares, mais facilmente se dará a evangelização da humanidade.

19 — E depois de pegaram nele, o levaram ao Areópago, dizendo: Podemos nós saber que nova doutrina é essa que pregas?

20 — Porque nos andas metendo pelos ouvidos umas coisas todas novas para nós; queremos pois saber o que vem a ser isto.

21 — (E todos os atenienses e os forasteiros ali assistentes não se ocupavam noutra coisa, senão em dizer ou em ouvir alguma coisa de novo.)

O Aerópago era um tribunal soberano em Atenas. famoso pela justiça e imparcialidade de suas decisões; era composto pelos homens notáveis da cidade. Caso este Conselho aceitasse as palavras de Paulo, facilmente o povo as receberia. Ao ser anunciada uma reunião no Areópago, acorriam para lá em busca de novidades.

22 — Paulo, pois, posto em pé no meio do Areópago, disse: Varões atenienses, em tudo e por tudo vos vejo um pouco excessivos no culto da vossa religião;

23 — Pois indo passando e vendo os vossos simulacros, achei também um altar em que se achava esta letra: Ao Deus Desconhecido. Pois aquele Deus que vós adorais sem o conhecer, esse é de fato o que vos anuncio.

Passeando pela cidade, Paulo notou que toda ela estava cheia de simulacros, ou seja, de estatuas representando deuses de toda a espécie. Isto se devia a que todos os que vinham da Ásia, traziam para Atenas seus cultos e religiões orientais. E como em Atenas havia liberdade de pensamento, seguiam suas crenças sem constrangimento. Para não ofender nenhum deus que não estivesse ali representado, erigiram um altar ao deus desconhecido. Paulo que notara esse altar, muito inteligente e oportunamente o toma como ponto de partida para suas prédicas.

24 — Deus que fez o mundo e tudo o que nele há, sendo ele o Senhor do céu e da Terra, não habita em templos feitos pelos homens.

25 — Nem é servido por mãos de homens, como se necessitasse de alguma criatura, quando ele mesmo é o que dá a todos a vida e a respiração e todas as coisas;

26 — E de um só fez todo o gênero humano para que habitasse sobre toda a face da Terra, assinando a ordem dos tempos e os limites da sua habitação

É o monoteismo que Paulo prega, O Deus único, Criador de todas as coisas, o Pai, o qual nos dá a vida e tudo o que é preciso para mantê-la. O Pai bom e misericordioso que enche com sua presença o Universo; e como todos somos seus filhos, a mais perfeita fraternidade deve reinar entre nós.

27 — Para que buscassem a Deus, se porventura o pudessem tocar e achar; ainda que não esteja longe de cada um de nós.

28 — Porque nele mesmo vivemos e nos movemos e existimos, como ainda disseram alguns de vossos poetas: Porque dele também somos linhagem.

29 — Sendo pois nós linhagem de Deus, não devemos pensar que a Divindade é semelhante ao ouro, ou prata, ou à pedra lavrada por arte e indústria do homem.

Na verdade, não podemos ainda conhecer a natureza íntima de Deus; todavia seu fluído divino tudo penetra e tudo vivifica e tudo sustenta; por esta razão é que em Deus vivemos, nele nos movemos e nele existimos e dele somos linhagem, pois que descendemos de Deus. Diante de nosso trabalho de cada dia, por mais difíceis que sejam os casos que surjam, não deixemos que a ansiedade e a angústia tomem conta de nós. Trabalhemos e esperemos confiantes, realizando o melhor que pudermos, certos de que o Pai nos apoia. E quaisquer que sejam as circunstâncias que se nos depararem, lembremo-nos de que se Deus nos sustentou até agora, também nos sustentará de agora em diante.

O Pai é Espírito e não pode ser representado por simulacros feitos por mãos humanas. Paulo evoca o primeiro mandamento do decálogo "Não farás para ti imagem de escultura, nem figura alguma, de tudo o que há em cima no céu, e do que há embaixo na terra, nem de coisa alguma que haja nas águas debaixo da terra. Não as adorarás, nem lhes darás culto, porque eu sou o Senhor, teu Deus." E Jesus ensina que: "Mas a hora vem, e agora é, quando os verdadeiros adoradores hão de adorar o Pai em espírito e verdade; porque tais quer também o Pai que sejam os que o adorem. Deus é Espírito; e um Espírito e Verdade é que devem adorar os que o adoram."

30 — E Deus, dissimulando por certo os tempos desta ignorância, denuncia agora aos homens que todos em todo lugar façam penitência,

31 — Pelo motivo de que ele tem determinado um dia em que há de julgar o mundo, conforme a justiça, por aquele varão que destinou para juíz, do que dá certeza a todos, ressuscitando-o dentre os mortos.

32 — E quando ouviram a ressurreição dos mortos, uns na verdade faziam zombaria e outros disseram: Outra vez te ouviremos sobre este assunto.

33 — E assim Paulo saiu do meio deles.

34 — Todavia alguns varões, agregando-se a ele, abraçaram a fé; entre os quais foi não só Dionísio aeropagita, mas também uma mulher por nome Damáris e com eles outros.

Façam penitência, diz Paulo, ou seja, mudem de vida, deixando os erros e os vícios do passado, e começando de agora em diante a viver de acordo com Evangelho que lhes prego. O julgamento do mundo se dará imperceptivelmente à medida que o Evangelho for conquistando os corações; aqueles que o adotarem como norma de vida, continuarão sua evolução na Terra; os que não o aceitarem e viverem contrariando seus ensinamentos, serão transferidos para mundos inferiores à Terra. A ressurreição dos mortos não se dá com o corpo carnal, conforme entenderam os ouvintes; mas sim em Espírito. Não há morte. Deixaremos o corpo de carne, e ressurgiremos com nosso corpo espiritual, em outros planos da vida. Incapazes de compreender os profundos ensinamentos que Paulo lhes transmitia, riram-se incredulamente, zombando dele e abandonando o recinto.

Dionísio era um dos componentes do Areópago; posto que ele e outros tenham aceitado a palavra de Paulo, não se fundou nenhum núcleo evangélico em Atenas.

CAPÍTULO 18

Paulo em Corinto; em Éfeso; volta para Jerusalém

1 — Depois disso, havendo saído Paulo de Atenas, chegou a Corinto;

2 — E achando ali um judeu por nome Áquila, natural do Ponto, que pouco antes havia chegado de Itália, e Priscila sua

mulher (pelo motivo de que Cláudio tinha mandado sair de Roma a todos os judeus), se uniu a eles.

3 — E porquanto era do mesmo ofício, estava com eles e trabalhava (porque o ofício deles era o de fazer tendas de campanha).

Cláudio foi imperador de Roma do ano 41 ao 54, depois de Cristo. Segundo narra Suetônio, ele expulsou os judeus de Roma devido às perturbações que causavam com suas disputas religiosas; grande número deles desembarcou em Corinto; entre eles estavam Áquila e Príscila, que já eram cristãos e trabalhavam na seara do Senhor.

Fiel ao seu princípio de não ser pesado a ninguém e viver do trabalho de suas próprias mãos, Paulo se une ao casal e os três trabalham no ofício de tapeceiro. Este é um dos mais belos e grandes exemplos que Paulo nos deixou: jamais explorar nossa religião ou nossa mediunidade, pois são dons que o Senhor nos concede de graça e de graça devemos distribuí-los; para a conquista de nosso pão de cada dia, o Senhor nos deu os braços e a inteligência.

4 — E disputava todos os sábados na sinagoga, fazendo entrar em seus discursos o nome do Senhor Jesus e convencia aos judeus e aos gregos.

5 — E quando vieram de Macedônia Silas e Timóteo, Paulo instava com a sua pregação, dando testemunho aos judeus de que Jesus era o Cristo.

6 — Mas como eles contradissessem e blasfemassem, sacudindo ele os seus vestidos, lhes disse: O vosso sangue seja sobre a vossa cabeça; eu estou limpo, desde agora me vou para os gentios.

Como sempre, Paulo iniciava sua pregação pela sinagoga da cidade; analisava com os judeus a missão de Jesus, segundo as Escrituras. As pregações eram ouvidas com especial interesse pelos gentios, convertidos ao judaismo; como não estavam contaminados pelos preconceitos religiosos, facilmente aceitavam a nova doutrina. Em Corinto Paulo rompe definitivamente com o judaismo, libertando dele o Evangelho.

7 — E saindo dali, entrou em casa dum chamado Tito Justo, temente a Deus, cuja casa vizinhava com a sinagoga.

8 — E Crispo, que era príncipe da sinagoga, creu no Senhor com todos os de sua casa; e muitos dos coríntios, ouvindo-o, criam e eram batizados.

Tito Justo, freqüentador da sinagoga torna-se cristão e franqueia sua casa para os trabalhos evangélicos; outros muitos o seguem, e Crispo, um dos principais da sinagoga; e instala-se na cidade um florescente núcleo cristão.

> 9 — Ora de noite, em visão, disse o Senhor a Paulo: Não temas mas fala e não te cales;
>
> 10 — Porque eu sou contigo e ninguém se achegará a ti para te fazer mal; porque tenho muito povo nesta cidade.
>
> 11 — E se deteve ali um ano e seis meses, ensinando entre eles a palavra de Deus.

Ante as dificuldades da tarefa, Paulo recebe encorajamento do Plano Espiritual: que trabalhasse sem temor, que ali o campo estava preparado para grande semeadura; diante disso, demora-se em Corinto dezoito meses, a trabalhar sem esmorecimento.

> 12 — Mas sendo Galião procônsul da Acaia, os judeus de comum acordo se levantaram contra Paulo e o levaram ao tribunal.
>
> 13 — Dizendo: Este pois, contra a lei, persuade aos homens que sirvam a Deus.
>
> 14 — E como Paulo começasse a abrir a sua boca, disse Galião aos judeus: Se isto fosse na realidade algum agravo, ou enormíssimo crime, eu vos ouviria, ó varões judeus, conforme o direito.
>
> 15 — Mas se são questões de palavras e de normas e da vossa lei, vêde-o vós lá; porque eu não quero ser juíz destas coisas.
>
> 16 — E assim os mandou sair do tribunal.
>
> 17 — Então eles todos lançando mão de Sóstenes, cabeça da sinagoga, lhe davam pancadas diante do tribunal; e a Galião nada disso lhe dava cuidado.
>
> 18 — Mas Paulo, havendo permanecido ali ainda muitos dias, despedindo-se dos irmãos, navegou para a Síria (e com ele Priscila e Áquila), depois de se ter feito cortar o cabelo em Cencris, porque tinha voto.

O êxito das pregações foi tamanho que os judeus se levantaram contra o pregador. A sinagoga esvaziava-se; o Evangelho se instalava em todos os corações ávidos de consolo e esperança que só ele lhes podia porporcionar. Galião era o governador da provincia; inteirando-se da puerilidade da acusação que apresentavam contra Paulo, dela não toma conhecimento, dá liberdade a Paulo e despede-os do tribunal. Sóstenes era o chefe da sinagoga; como fracassasse em conseguir a condenação de Paulo, ali mesmo os judeus o castigam, sem que as autoridades romanas intervenham. Para evitar novas investidas contra o núcleo cristão que florescia em Corinto, Paulo resolve partir e leva consigo Áquila e Priscila; passando por Cencris, raspa a cabeça para reafirmar um voto que tinha feito, segundo os costumes populares da época; talvez com esse voto confirmasse sua fidelidade à difusão do Evangelho, apesar das dificuldades que ainda tivesse de enfrentar.

> 19 — E chegou a Éfeso e os deixou ali. E tendo entrado na sinagoga, disputava com os judeus.

> 20 — E rogando-lhes eles que ficasse ali mais tempo, não consentiu nisso;

> 21 — Mas despedindo-se deles e dizendo-lhes: Outra vez, querendo Deus, voltarei a vós, partiu de Éfeso;

> 22 — E descendo à Cesaréia, subiu a Jerusalém, e saudou aquela igreja e logo passou a Antioquia.

> 23 — E havendo estado ali por algum tempo, partiu, atravessando por sua ordem a terra de Galácia e Frígia, fortalecendo a todos os discípulos.

Para Éfeso, Paulo partiu levando consigo Áquila e Priscila; como nunca deixasse para depois os trabalhos de Jesus, vai à sinagoga e prega o Evangelho à luz das Escrituras. Sua permanência em Éfeso foi curta; ali deixando Áquila e Priscila e prometendo voltar tão logo as circunstâncias o permitissem, retorna a Antioquia, passando por Jerusalém onde visita a instituição dos Apóstolos. Descança por algum tempo em Antioquia; depois, possivelmente instado pelos da Galácia e da Frígia, para lá se dirige e resolve-lhes os problemas que tinham surgido.

Apolo em Éfeso e Corinto

> 24 — E' veio a Éfeso um judeu por nome Apolo, natural de Alexandria, homem eloqüente muito versado nas Escrituras.

> 25 — Este era instruido no caminho do Senhor, e falava com fervor de espírito, e ensinava com diligência o que pertencia a Jesus, conhecendo somente o batismo de João.

Com a propagação do Cristianismo, era natural que os trabalhadores de boa vontade surgissem de todos os lados. Apolo é um exemplo disso; já conhecedor das Escrituras, com certeza lhe veio às mãos uma cópia dos ensinos de Jesus; estudou-os, comparou-os, aceitou-os e tornou-se ardente divulgador deles. (Sobre o batismo, ver nossas notas anteriores.)

26 — Este pois começou a falar com liberdade na sinagoga. Quando Priscila e Áquila o ouviram, o levaram consigo e lhe declararam mais praticamente o caminho do Senhor.

27 — E querendo ele ir a Acaia, havendo-o animado a isto os irmãos, escreveram aos discípulos que o recebessem. E tendo ali chegado, foi de muito proveito para aqueles que haviam crido,

28 — Porque com grande veemência convencia publicamente aos judeus, mostrando-lhes pelas Escrituras que Jesus era o Cristo.

Apolo se apresentou na sinagoga local; ao ouvi-lo, Priscila e Áquila compreenderam que estavam diante dum discípulo sincero de Jesus e lhe completam os conhecimentos sobre o Mestre e sua obra, segundo tinham aprendido com Paulo. É preciso notar que naquele tempo não havia as facilidades de comunicações entre cidades e povos, como as há hoje; as comunidades viviam quase que isoladas; os livros eram raríssimos, escritos à mão, e poucos sabiam ler e escrever; por isso, sempre que aparecia alguém que lhes trouxesse notícias, ou pudesse ensinar-lhes alguma coisa, recebiam-no muito bem, dado ser de proveito para todos, como aqui se diz de Apolo.

CAPÍTULO XIX

Terceira viagem missionária de Paulo. Prega o Evangelho em Éfeso. Tumulto excitado por Demétrio

1 — E aconteceu que, estando Apolo em Corinto. Paulo depois de haver atravessado as altas províncias da Ásia, veio a Éfeso, e achou alguns discípulos.

2 — E lhes disse: Vós recebestes já o Espírito Santo, quando abraçastes a fé? E eles lhe responderam: Antes nós nem sequer temos ainda ouvido se há Espírito Santo.

3 — E ele lhes disse: Em que batismo fostes vós batizados? Eles disseram: No batismo de João.

4 — Então disse Paulo: João batizou ao povo com batismo de penitência, dizendo que cressem naquele que havia de vir depois dele, isto é, em Jesus.

5 — Ouvindo isto, foram batizados em nome do Senhor Jesus.

6 — E havendo-lhes Paulo imposto as mãos, veio sobre eles o Espírito Santo e falavam em diversas línguas e profetizavam.

7 — E eram por todos algumas doze pessoas.

Em Éfeso, Paulo encontrou um círculo cristão já formado. A cidade tinha sido trabalhada por Áquila, Príscila e Apolo. Faltava-lhes apenas o batismo do Espírito Santo, pois só conheciam o de João; e Paulo batiza-os no Espírito Santo, impondo-lhes as mãos. A imposição das mãos lhes conferia o dom da mediunidade. Esse dom que em nossos dias se tornou comum, é desenvolvido nos Centros Espíritas, onde o futuro médium se batiza no Espírito Santo, ou seja, aprende a usar sua mediunidade. Hoje, como no tempo de Paulo, nem todos desenvolvem sua mediunidade; entretanto para o aprendiz sincero, sempre há serviço na seara de Jesus.

Vamos transcrever aqui nosso comentário sobre o batismo de João e de Jesus, capítulo 13, versículos 13 a 17, do Evangelho de Mateus, de nosso livro "O Evangelho dos Humildes": "Este ponto. em que os Evangelistas tratam do batismo do Mestre, deu origem a intermináveis discussões, que sempre se reacendem ao se depararem circunstâncias favoráveis.

"Todas as seitas que se constituíram ao influxo das palavras evangélicas, adotaram o batismo. Algumas de modo racional, pois só permitem que seus adeptos se batizem na idade em que possam julgar o ato que praticam. Outras obrigam seus seguidores a se batizarem na primeira infância, idade em que lhes é impossível avaliarem a cerimônia na qual tomam parte inconscientemente.

"O batismo em nossos dias é uma formalidade exterior, sem significação moral, e serve apenas para a satisfação de vaidades e preconceitos arraigados no coração dos pais.

"O Espiritismo não adota o batismo. O batismo, diante das revelações do Espiritismo, é uma cerimônia do passado, inútil no presente.

"E por que Jesus se batizou?

"Porque lhe convinha cumprir toda a justiça, segundo ele próprio o declara a João.

"O Precursor encerra o período das fórmulas exteriores, com as quais até então se adorava o Pai. Jesus inaugura o período em que se presta veneração a Deus em espírito e verdade, no santuário da consciência de cada um de seus filhos.

"O batismo de João era bem diferente do que conhecemos em nossos dias. Pregando no deserto as alvoradas do reino dos céus, dirigia enérgico convite a todos para que se preparassem para o luminoso dia da redenção. Seduzidos pela sua palavra vibrante de fé, muitos dos ouvintes se arrependiam da vida delituosa que tinham levado e confessavam-lhe as faltas, como penhor de que não tornariam a cometê-las. E João batizava-os, isto é, lavava-os, dando a entender que o arrependimento sincero, seguido do firme propósito de não mais reincidir no erro, limpa o Espírito, como a água limpa o corpo.

"E João prega que Jesus batizaria no Espírito Santo e no fogo. Entrando Jesus na água para ser batizado, é como se dissesse: Até agora foi assim; daqui por diante será conforme lhes vou ensinar.

"E seu batismo é de Espírito Santo e de fogo.

"O ávaro que deixa de ser avarento.

"O hipócrita que se torna sincero.

"O orgulhoso que se torna humilde.

"O mau que se torna bom.

"Os viciados que abandonam os vícios.

"Os inimigos que esquecem os ódios que os separavam e se abraçam à luz do Evangelho,

"O forte que se lembra de proteger o fraco.

"O rico que procura concorrer para o bem-estar dos pobres.

"O pobre que não murmura.

"Os que, apesar de seus padecimentos, bendizem a vontade de Deus.

"Todos esses não sofrem um verdadeiro batismo de fogo?

"O batismo de fogo, pois, com o qual Jesus nos batiza, é o esforço que ele nos convida fazer para que nos livremos das paixões inferiores que nos dominam; livres delas, estaremos batizados, isto é, puros diante de Deus, nosso Pai.

"O Espírito Santo é a denominação dada à coletividade dos Espíritos desencarnados, que lutam pela implantação do reino de

Deus na face da Terra. Batizar-se no Espírito Santo significa receber-se a mediunidade. Todos os que recebem a mediunidade se colocam à disposição dos Espíritos do Senhor para os trabalhos de evangelização, que se desenvolvem no plano terrestre. É um batismo de renúncia, devotamento, abnegação e humildade. Todos são chamados para o sagrado batismo do Espírito Santo, porque todos podem trabalhar para o advento do reino dos céus."

> 8 — Tendo pois entrado dentro da sinagoga, falou com liberdade pelo espaço de três meses, disputando e persuadindo-os acerca do reino de Deus.

> 9 — Mas como alguns se endurecessem e não cressem, desacreditando o caminho do Senhor diante da multidão, apartando-se deles, separou os discípulos, disputando todos os dias na escola de um certo Tirano.

> 10 — E isto foi por dois anos, de tal maneira que todos os que moravam na Ásia ouviram a palavra do Senhor, judeus e gentios.

A origem da sinagoga é obscura, incerta; as primeiras inscrições que testemunham sua existência, foram encontradas perto de Alexandria, datando-as a partir do século III A.C. Parece que correspondiam a uma necessidade que tinham os judeus, afastados de Jerusalém, de um lugar onde perfazer o seu culto. Por volta do século I A.C. a sinagoga é encontrada em toda e qualquer comunidade judaica, no império romano. Em Roma havia pelo menos treze, segundo relatam os historiadores.

Por três meses toleraram Paulo na sinagoga; depois percebeu que seria melhor afastar-se dela. As idéias novas nem sempre são aceitas por todos, e o normal é encontrarem acérrimos opositores. Diante das explicações de Paulo, alguns aceitaram Jesus; outros não. Tal acontece hoje com o Espiritismo, apesar de ter sido ele claramente anunciado por Jesus: "Mas eu digo-vos a verdade; a vós convêm-vos que eu vá; porque se eu não for, não virá a vós o Consolador; mas se for, enviar-vo-lo-ei. Quando vier aquele Espírito da Verdade, ele vos ensinará todas as verdades, porque ele não falará de si mesmo, mas dirá tudo o que tiver ouvido, e anunciar-vos-á coisas que estão para vir. Ele me glorificará porque há de receber do que é meu, e vo-lo-á de anunciar." (João, 16-7-14) Uns o aceitam e tomam seus ensinamentos como normas de suas vidas;

125

outros o combatem, chegando mesmo a taxá-lo de diabólico. Todavia a Verdade marcha irresistivelmente e acaba por se impor, levando de roldão todos os obstáculos.

Ora havia em Éfeso uma escola que pertencia a um cidadão chamado Tirano; Paulo obteve permissão para usá-la, nos dias em que não havia aulas e lá se instala com os companheiros, e toda Ásia se beneficia dessa medida. Notemos que o Evangelho mais e mais se afasta da sinagoga, ou seja do meio judaico, transferindo-se para o meio gentio.

> 11 — E Deus fazia milagres, não quaisquer, por mão de Paulo;
>
> 12 — Chegando estes a tal extremo que sendo aplicados aos enfermos os lenços e aventais que tinham tocado no corpo de Paulo, não só fugiam deles as doenças, mas também os Espíritos malignos se retiravam.

Na realidade, Paulo não fazia milagres. Os milagres, como ensina Allan Kardec, são uma derrogação das leis da natureza; e o Altíssimo não derroga suas leis. O caso era que Paulo usava o passe, auxiliado pelos Espíritos do bem. Semelhante prática é comum hoje em dia nos Centros Espíritas, para alívio dos sofredores. Paulo conseguia o prodígio de não só curar doenças, como também expulsar os Espíritos obsessores, porque sua vida era regida pela mais alta moralidade, pela sua dedicação à causa evangélica, e pelo seu profundo desejo de praticar o bem em nome de Jesus; e tudo isso aliado a uma sinceridade e a um desinteresse sem limites.

> 13 — Ora também alguns dos exorcistas judeus, que andavam de terra em terra, tentaram invocar o nome do Senhor Jesus sobre os que se achavam possessos dos malignos Espíritos, dizendo: Eu vos esconjuro por Jesus, a quem Paulo prega.
>
> 14 — E os que faziam isto eram uns sete filhos de certo judeu, príncipe dos sacerdotes, chamado Sceva.
>
> 15 — Mas o Espírito maligno respondendo lhes disse: Eu conheço a Jesus e sei quem é Paulo; mas vós quem sois?
>
> 16 — E o homem no qual estava um Espírito maligníssimo, saltando sobre eles e apoderando-se de ambos, prevaleceu contra eles de tal maneira que, nús e feridos, fugiram daquela casa

É evidente que os exorcistas aqui citados eram médiuns mercenários. Espíritos malignos são Espíritos obsessores que perseguem os encarnados, quer por vingança, quer para explorar-lhes as fraquezas e os vícios. Hoje, mais do que nunca, são muito comuns. E nos Centros Espíritas se curam os obsidiados, ensinando-lhes a seguir uma vida moralizada o que afasta os obsessores, os quais, ao abandonar suas vítimas, se convertem à luz do Evangelho. Ora, quem mercadeja com a mediunidade não tem força moral para se fazer ouvir pelos Espíritos ignorantes, e não é obedecido por eles. Por isso é que não obedeceram aos exorcistas, e mesmo os atacaram. O Espírito obsessor, declarando que conhecia Jesus e Paulo, é como se ele dissesse: Jesus e Paulo têm autoridade sobre mim pela alta moralidade que possuem; a eles eu obedeceria; mas não a vocês que valem tanto quanto eu. (Ver em nosso livro "A Mediunidade sem Lágrimas" o capítulo "A possessão.

17 — E este caso se fez notório a todos os judeus e gentios que habitavam em Éfeso e caiu sobre todos eles um grande temor e o nome do Senhor Jesus era engrandecido.

18 — E muitos dos que haviam crido vinham confessando e denunciando suas obras.

19 — Muitos também, daqueles que tinham seguido as artes vãs, trouxeram juntos os seus livros e os queimaram diante de todos; e calculando o seu valor, acharam que montavam a cinquenta mil dinheiros.

20 — Deste modo crescia muito, e tomava novas forças a palavra de Deus.

Dentre todas as manifestações espirituais, os casos de obsessão são os que mais chamam a atenção dos homens, dado a espetaculosidade de que se revestem. Esses casos geralmente têm duplo objetivo: podem ser uma expiação para o obsidiado, o qual se defronta com um inimigo de outras eras, e que agora se aproveita de sua condição de desencarnado para vingar-se; cumpre então ao encarnado reajustar-se com ele, através do esclarecimento e do perdão recíprocos; e pode ser uma prova de mediunidade, um chamado para o trabalho na seara do Senhor; é então necessário que o obsidiado desenvolva sua mediunidade e a faça produzir frutos espirituais. De qualquer modo, o fato é sempre um aviso superior, não só para os que assistem a ele, como também para os que dele compartilham. É um aviso, um chamado a todos; felizes daqueles que o compreendem e o atendem; porque daí por diante a paz passa a morar em seu coração, e a tranqüilidade em seu íntimo; e um caminho de luz se abre ante seus pés.

Os livros que foram queimados eram conhecidos como "Ephesia Grammata", ou seja, tratados de magia, de cuja prática se serviam indivíduos sem escrúpulos para embair criaturas ignorantes que, na ânsia de realizar seus desejos, nem sempre possíveis ou dignos, recorriam a tais exploradores. Eles existem também em nossos dias, e o discípulo do Evangelho precisa precaver-se contra eles para que não se torne um agente das trevas.

> 21— E concluídas estas coisas, propôs Paulo, por instinto do Espírito Santo, ir a Jerusalém, depois de atravessar a Macedônia e a Acaia, dizendo: Porque depois que eu estiver ali é necessário que eu também veja Roma.
>
> 22 — E enviando à Macedônia dois dos que lhe ministravam, Timóteo e Erasto, ainda ele mesmo se demorou algum tempo na Ásia.

Notando que tudo corria bem quanto ao Evangelho, Paulo deu por terminado o seu trabalho em Éfeso. E como alimentasse o desejo de ir a Roma para pregar o Evangelho, decidiu visitar antes os nucleos cristãos que trabalhavam nas regiões da Macedônia e da Acaia; com essa intenção, enviou em sua frente seus dois colaboradores, Timóteo e Erasto.

> 23 — Mas neste tempo se excitou um não pequeno tumulto a respeito do caminho do Senhor.
>
> 24 — Porque um ourives da prata, por nome Demétrio, que fazia da prata uns nichos de Diana, dava que ganhar não pouco aos artífices.
>
> 25 — Aos quais, convocando ele, e os outros que trabalhavam em semelhante obra, disse: Varões, vós sabeis que o nosso ganho nos resulta deste artifício;
>
> 26 — E estais vendo e ouvindo que, não só em Éfeso, mas em quase toda a Ásia, este Paulo, com as suas persuasões, aparta de nosso culto muitas gentes, dizendo que não são deuses os que são feitos por mãos dos homens.
>
> 27 — Pelo que não somente correrá perigo de que esta nossa profissão venha ficar em descrédito, senão que também o templo da grande Diana será tido em nada e até começará a cair por terra a majestade daquela a quem toda a Ásia e o mundo adoram.
>
> 28 — Ouvindo isto, se encheram de ira e levantaram um grande grito, dizendo: Viva a grande Diana dos Efésios.

Não nos esqueçamos de que estamos ainda em pleno paganismo; e Diana era um de seus deuses, adorada em quase todo o mundo

128

antigo, e tinha em Éfeso o seu principal santuário. Seu templo, dum esplendor fora do comum era tido como uma das maravilhas arquitetônicas da época. No ano 263, foi Éfeso tomada pelos Citas, povo da Tartária, e o Templo invadido e despojado de suas riquezas; por fim, Constantino mandou destruí-lo definitivamente. Explorando a credulidade e a superstição, havia toda uma indústria que fabricava estatuetas, quadros, medalhas, amuletos, talismãs, do templo e da deusa, de prata e de outros materiais, os quais eram vendidos aos romeiros que visitavam o templo, quando iam cumprir suas promessas. Como vemos, Paulo respeitou o culto da deusa, não se insurgindo contra ele; simplesmente pregou o Evangelho. E como o Evangelho é luz, as trevas começaram a dissipar-se, enraivecendo os que viviam delas. Paulo esteve em Éfeso durante os anos de 55 a 57.

29 — E se encheu toda a cidade de confusão, e todos a uma arremeteram ao teatro, arrebatando a Gaio e a Aristarco, macedônios, companheiros de Paulo.

30 — E querendo Paulo apresentar-se ao povo, os discípulos o não deixaram.

31 — E alguns até dos principais da Ásia, que eram seus amigos lhe enviaram a rogar que não se apresentasse no teatro;

32 — E outros levantaram outro grito. Porquanto aquela concorrência de povo estava ali confusa e os mais deles não sabiam o porque se haviam ajuntado.

33 — E tiraram a Alexandre dentre aquela turba, levando-o a empurrões aos judeus. E Alexandre, pedindo silêncio com a mão, queria dar satisfação ao povo.

34 — Quando conheceram que ele era judeu, todos a uma voz gritaram pelo espaço de quase duas horas: Viva a grande Diana dos efésios

É fora de dúvidas que o Cristianismo conquistava os corações; prova-o a pregação que Paulo faria no teatro da cidade nessa noite. A escola de Tirano se tornara pequena para abrigar o povo desejoso de ouvi-lo. Gaio e Aristarco eram discípulos e companheiros de Paulo e estavam no teatro, preparando-o para a noite. Demétrio, um dos principais fabricantes dos ídolos de Diana, não se conforma com a perda da clientela, e promove um tumulto contra os missionários. A multidão é inconsciente e manejavel, como sempre, tanto que a maioria das pessoas que ali se reunia e gritava, nem mesmo sabia o porquê daquela confusão; apenas obedecia cegamente aos gritos de Demétrio. Alexandre, outro discípulo e companheiro de Paulo, querendo dar uma explicação ao povo, não consegue, tal o furor da turba.

35 — Então o escrivão, tendo apaziguado a gente, disse: Varões de Éfeso, quem há pois, dentre todos os homens, que não saiba que a cidade de Éfeso é honradora da grande Diana e filha de Júpiter?

36 — E porquanto isto se não pode contradizer, convém que vos sossegueis e que nada façais inconsideradamente.

37 — Porque estes homens, que vós fizestes vir aqui, nem são sacrílegos, nem são blasfemadores da vossa deusa.

38 — Mas se Demétrio e os oficiais que estão com ele, têm alguma queixa contra algum, audiências públicas se dão e procônsules há; acusem-se uns aos outros.

39 — E se pretendeis alguma coisa sobre outros negócios, legítimo ajuntamento se poderá despachar.

40 — Porque até corremos risco de ser argüidos pela sedição de hoje, não havendo nenhuma causa (de que possamos dar razão) deste concurso. E havendo disto isto, despediu o congresso.

Cega e insuflada por Demétrio e seus oficiais, a multidão queria resolver o caso pela violência. Entretanto, o escrivão, que representava a autoridade, usou de bom senso e com palavras judiciosas acalmou os ânimos e dispersou o povo.

CAPÍTULO XX

Paulo visita outra vez a Macedônia e a Grécia e depois volta para a Ásia.

1 — E depois que cessou o tumulto, chamando Paulo a si os discípulos e fazendo-lhes uma exortação, se despediu deles e se pôs a caminho para ir à Macedônia.

2 — E depois de haver andado aquelas terras e de os ter exortado ali com muitas palavras veio à Grécia;

3 — Onde, havendo estado três meses, lhe foram armadas ciladas pelos judeus, estando ele para navegar para a Síria.

4 — E acompanhou-o Sópatro de Beréa, filho de Pirro e dos de Tessalônica, Aristarco e Secundo e Gaio de Derbe e Timóteo; e dos da Ásia, Tíchico e Trófimo.

Se Paulo persistisse em ficar em Éfeso, certamente o conflito se agravaria em prejuizo do núcleo cristão ali já fundado. Assim ele exorta os discípulos a perseverarem firmes no bom trabalho e parte para a Macedônia em companhia de alguns colaboradores. Por onde passava transmitia estímulo a todos; contudo, as trevas não lhe dão sossego; por toda a parte os judeus lhe armam ciladas, procurando deter a marcha do Evangelho; prudentemente ele se recolhe a Filipos.

5 — Estes, tendo partido adiante, nos esperaram em Trôade.

Aqui a narrativa volta a ser feita na primeira pessoa do plural, porque em Filipos Paulo se reencontra com Lucas, que lá o esperava.

6 — E nós, depois dos dias dos asmos, nos fizemos à vela desde Filipos e fomos ter com eles a Trôade, onde nos detivemos sete.

Terminados os seus deveres em Filipos, Paulo vai em companhia de Lucas para Trôade, onde se juntariam aos outros companheiros. A viagem foi feita por mar e zarparam depois dos asmos. Os asmos eram o pão sem fermento que os judeus comiam em obediência aos preceitos de Moisés, quando instituiu a Páscoa: "No primeiro mês, no dia 14 do mês, à tarde, comereis os ázimos até à tarde do dia 21 do mesmo mês. Durante sete dias não se achará fermento em vossas casas". (Êxodo 12:15) É a festa dos ázimos em memória da partida dos hebreus do Egito.

7 — Ora no primeiro dia da semana tendo-se ajuntado os discípulos a partir o pão. Paulo que havia de fazer a jornada no dia seguinte, disputava com eles e foi alargando o discurso até a meia-noite.

Partir o pão era uma cerimônia que os discípulos celebravam em memória da última ceia de Jesus. Depois da leitura do Evangelho e das pregações que se seguiam, quem presidia à reunião tomava do pão, abençoava-o e o distribuía em pedacinhos para todos. Mais tarde, com a oficialização do Cristianismo pelo imperador Constantino, com édito de Milão no ano 313, o Cristianismo se transforma em Catolicismo; e essa prática foi abolida.

O primeiro dia da semana era o domingo; e Paulo que tinha de viajar, desejando aproveitar a oportunidade, prolongou a reunião até tarde da noite.

8 — E havia muitas lâmpadas no cenáculo onde estávamos congregados.

9 — E um mancebo, por nome Êutico, que estava assentado sobre uma janela, como fosse tomado por profundo sono, caiu abaixo desde o terceiro andar da casa e foi levantado morto.

10— Para socorrer o qual, havendo Paulo descido, se recostou sobre ele e tendo-o abraçado, disse: Não vos perturbeis, porque a sua alma nele está.

11 — E subindo e partindo o pão e comendo, ainda lhes falou largamente até que foi de dia; depois disto, partiu.

12 — E levaram vivo o mancebo, de que receberam não pequena consolação.

Cenáculo era a peça da casa onde se ceiava; corresponde hoje à nossa sala-de-jantar; iluminava-se por lamparinas de azeite.

É comum depararmos com assistentes que se entregam ao sono durante as reuniões; foi o que aconteceu com Êutico. Felizmente a queda não foi mortal; Paulo, ao se debruçar sobre ele, percebeu que Êutico vivia; e reanimou-o com vigoroso passe. Devido ao incidente, houve naturalmente uma interrupção na exposição do Evangelho e muita preocupação entre os familiares do rapaz. Certificando-se de que nada de grave havia, Paulo faz um intervalo, abençõa, parte e distribui o pão, do qual todos comem; e continua sua pregação até ao romper do dia. E refeitos do susto que lhes causara a queda do jovem, despedem-se do missionário.

13 — Nós porém, metendo-nos num navio, navegamos até Asson, para recebermos ali a Paulo; pois assim havia ele disposto. devendo fazer a viagem por terra.

14 — Tendo-se ajuntado conosco em Asson, depois de o tomar, fomos a Mitilene

15 — E continuando dali a nossa derrota, chegamos ao dia seguinte defronte de Quio, e no outro aportamos em Samos, e no seguinte chegamos a Mileto.

16 — Porque Paulo havia determinado passar adiante de Éfeso, por se não demorar na Ásia. Apressava-se pois, se possível lhe fosse por celebrar em Jerusalém o dia de Pentecoste.

Paulo envia seus companheiros à sua frente, de navio. para Asson, onde o aguardariam; ele mesmo seguiria a pé para lá, por terra, desejoso talvez de pregar o Evangelho pelas aldeias que encontrasse no caminho. Paulo, o atleta cristão, não despreza oportunidades de trabalhar na seara do Senhor, recusando até o descanso que a viagem por mar lhe proporcionaria. De Asson seguem juntos para Jerusalém. Paulo não quis desembarcar em Éfeso, não só para evitar novas perturbações, como também para não perder tempo, uma vez que desejava estar em Jerusalém na festa do Pentecoste. Como vimos mais atrás, Paulo ia a Jerusalém obedecendo à intuição que recebera de seus superiores espirituais.

Discurso de Paulo aos anciões da igreja de Éfeso

17 — E enviando desde a Mileto a Éfeso, chamou dois anciões da igreja;

De Mileto a Éfeso havia muitos nucleos cristãos, quase todos fundados sob a direção de Paulo, o qual desejou, pela última vez, endereçar-lhes sua palavra amiga e despedir-se.

18 — Aos quais, depois de virem ter com ele e estando todos juntos, lhes disse: Vós sabeis, desde o primeiro dia que entrei na Ásia, de que modo me tenho portado convosco por todo esse tempo,

19 — Servindo ao Senhor com toda a humildade e com lágrimas e com tentações, que me aconteceram por via das emboscadas dos judeus;

20 — Como não tenho ocultado coisa alguma das que vos podiam ser úteis, para que vô-las deixasse de anunciar e vos ensinasse publicamente e dentro em vossas casas.

Tão logo se converteu a Jesus na estrada de Damasco, Paulo não cessou de pregar o Evangelho, pela palavra e pelo exemplo. Fiel ao programa que Jesus lhe traçara e ardendo de entusiasmo pela causa do Mestre, pregou em público e em particular; enfrentou circunstâncias adversas, perigos de toda a espécie, miséria, lutas, privações, açoites, tudo fruto da ignorância cega e fanática, sempre a persegui-lo onde quer que fosse. Todavia, não fraquejou, não esmoreceu, ciente de que Jesus jamais prometera facilidades e sim um caminho áspero a quem quisesse segui-lo. Hoje, já não há as dificuldades que se depararam aos primeiros discípulos; são elas mais de carater moral e defrontamo-nos com nossas imperfeições que devem ser vencidas à luz do Evangelho.

21 — Pregando aos judeus e aos gentios a penitência para com Deus e a fé em Nosso Senhor Jesus Cristo.

Para os judeus, a humanidade de então se dividia em dois grupos: os judeus e os gentios; os primeiros, o povo eleito; os segundos, os impuros, os pagãos. Interpretavam no sentido literal a promessa que o Altíssimo lhes fizera na pessoa de Abraão: "Pois ele há de vir a ser pai de uma nação numerosíssima e poderosíssima; e que todas as nações da Terra hão de ser benditas nele." (Gen. 18:18) Ora, esta promessa deve ser entendida no sentido espiritual: eles revelaram ao mundo o Deus uno, o Pai, o Criador, diante do qual se bendizem todas as nações da Terra; e Paulo que assim o entendia, prega o Evangelho a uns e a outros.

22 — E agora eis que aqui estou eu que liado pelo Espírito vou para Jerusalém, não sabendo as coisas que ali me hão de acontecer,

23 — Senão que o Espírito Santo me assegura por todas as cidades, dizendo que me esperam em Jerusalém prisões e tribulações.

24 — Porém eu nada disso temo, nem faço a minha própria vida mais preciosa que a mim mesmo, contanto que acabe a minha carreira e o ministério da palavra que recebi do Senhor Jesus, para dar testemunho do Evangelho da graça de Deus.

Tendo recebido de seus superiores espirituais, através da mediunidade, ordem de ir a Jerusalém, Paulo obedece, embora não atinasse para que o convocavam àquela cidade. Advertem-no de que o esperavam prisões e tribulações. Porquê? Porque Paulo se afastara da religião mosaica e ensinava que se libertassem da lei antiga. E pregando Paulo aos gentios que eram tidos como impuros, mais ódio atraía para si do sinédrio, o supremo tribunal de Israel. Daí ele nada esperar de bom em Jerusalém. Contudo, não se intimida; consagrando-se à causa de Jesus, não recua ante os perigos que lhe anunciavam; e nos dá grande exemplo e ensinamento de que em quaisquer circunstâncias em que estejamos devemos ser fiéis a Deus e servi-lo.

25 — E agora eis aqui estou eu, que já sei que não tornareis a ver minha face todos vós, por entre os quais passei pregando o reino de Deus.

Paulo lhes anuncia que não mais voltariam a vê-lo. Não que com isso lhes anunciasse sua morte, mas porque de Jerusalém tencionava ir a Roma visitar os discípulos já ali instalados e de lá passar a outras regiões que ainda não tinham recebido a Boa Nova.

26 — Portanto eu vos protesto neste dia que estou limpo do sangue de todos,

27 — Porque não tenho buscado subterfúgio para vos deixar de anunciar toda disposição de Deus.

28 — Atendei por vós e por todo o rebanho sobre que o Espírito Santo vos constituiu bispos para governardes a igreja de Deus, que ele adquiriu pelo seu próprio sangue.

Dizendo Paulo que está limpo do sangue de todos é como se lhes dissesse que não ofendeu ninguém, nem corrompeu ninguém, dando-lhes sempre o exemplo duma vida pura e reta. E que durante o tempo que passou com eles, esforçou-se o melhor que pôde para conduzí-los pelos caminhos do Senhor. E exorta-os a que vivam de modo tal que suas vidas constituam exemplos para todos. A admoestação de Paulo é válida hoje para todos aqueles que militam nas diretorias dos Centros Espíritas; devem pautar seu viver nos princípios da mais alta moralidade, a fim de que compareçam sempre limpos diante de todos.

29 — Porque eu sei que depois da minha despedida hão de entrar a vós certos lobos arrebatadores, que não hão de perdoar ao rebanho;

30 — E que dentre vós mesmos hão de sair homens que hão de publicar doutrinas perversas, com o intuito de levarem após si muitos discípulos.

31 — Por cuja causa vigiai, lembrando-vos que por três anos não cessei de noite e de dia de vos admoestar com lágrimas a cada um de vós.

Paulo relembra aqui a advertência de Jesus a seus discípulos contra os falsos Cristos e os falsos profetas: "Porque se levantarão falsos cristos e falsos profetas, que farão grandes prodígios e maravilhas tais que, se fora possível, até os escolhidos se enganariam". (Lucas, 24:24).

O Espiritismo não está livre dos falsos profetas; pelo contrário, eles enxameiam nos meios espíritas, não só como encarnados, mas também como desencarnados. Recomendamos ao leitor estudar atentamente em "O Livro dos Médiuns", de Allan Kardec, o capítulo "Identidade dos Espíritos". E também a leitura do artigo de Allan Kardec "Falsos irmãos e amigos ineptos", na Revista Espírita, ano de 1863, ainda atualíssimo. E ainda o capítulo 21, "Falsos cristos e falsos profetas", do Evangelho segundo o Espiritismo de Allan Kardec.

Com a leitura dos trechos citados, aprenderemos a distinguir os falsos cristos e os falsos profetas, ou seja, os lobos arrebatadores de que nos fala Paulo.

32 — E agora eu vos encomendo a Deus e à palavra de sua graça, áquele que é poderoso para edificar e dar-vos herança entre todos os que são santificados.

Paulo nos exorta a ser fiéis a Deus e a servi-lo. E a herança é o reino dos céus, a pátria espiritual que o Pai edificou para seus filhos, que se santificaram através da reforma íntima, de sua dedicação ao bem, ao amor ao próximo e o respeito às leis divinas.

33 — Não cobicei prata, nem ouro, nem vestido de nenhum, como vós mesmos sabeis.

34 — Porque estas mãos me serviram para as coisas que me eram necessárias a mim e àqueles que estão comigo.

Um dos grandes exemplos que Paulo nos lega é o respeito profundo pela recomendação de Jesus: "Dai de graça o que de graça recebestes". Compreendendo que o Evangelho proibe a exploração das coisas sagradas, Paulo dedica ao seu labor evangélico uma parte do seu tempo, outra ele aplica ao seu ofício de tecelão com que ganhava honestamente o seu pão de cada dia; não se tornou um parasita do Evangelho. E através de todo seu apostolado, vemos que o seu primeiro cuidado ao chegar a uma cidade onde pregaria, era procurar um emprego em sua profissão para garantir sua subsistência, o que ele exigia de seus companheiros também. Depois do trabalho diário, consagravam ao Evangelho o tempo que lhes sobrava. Imitemos Paulo; dediquemos aos nossos trabalhos espirituais uma parte de nosso tempo; embora sem desprezá-los, não cobicemos os bens transitórios do mundo; não exploremos nossa mediunidade, pois de graça a recebemos, de graça a exerçamos.

35 — Em tudo vos tenho mostrado que, trabalhando todos desta maneira, convém receber os enfermos e lembrar daquelas palavras do Senhor Jesus, porquanto ele mesmo disse: "Coisa mais bem-aventurada é dar que receber".

Receber os enfermos. isto é, proporcionar-lhes o socorro espiritual de nossas orações e o conforto de nossa palavra amiga. De fato, é melhor dar que receber, porque a Providência Divina sempre nos devolverá em dobro aquilo que tivermos dado a nosso próximo.

36 — E havendo dito isto, depois de por em terra os joelhos, orou com todos eles.

37 — E entre todos se levantou um grande pranto e, lançando-se sobre o pescoço de Paulo, o beijavam,

38 — Aflitos em grande maneira pela palavra que havia dito, que não tornariam a ver sua face. E eles o conduziram a bordo.

Comparemos Paulo antes de sua conversão, Paulo que aqui está ajoelhado, orando na praia, onde o bendizem chorando. Primeiro é temido e odiado, respirando ameaças e morte contra os discípulos do Senhor; depois é sua dedicação ao próximo, é desejado e amado por todos.

Meu irmão, se até agora tu te dedicaste ao mal ou a coisas menos dignas, não te julgues um condenado para sempre. Lembra-te de Paulo; entrega-te ao bem e às coisas nobres e, como ele, acabarás amado e desejado por todos.

CAPÍTULO XXI

Paulo chega a Jerusalém e é preso no Templo

1 — E tendo-nos feito à vela, depois que nos separamos deles fomos em direitura a Cóos e no dia seguinte a Rodes e dali a Pátara.

2 — E como tivéssemos achado um navio que passava à Fenícia, entrando nele, nos fizemos à vela.

3 — E depois de estarmos à vista de Chipre, deixando-a à esquerda, continuamos a nossa derrota para as partes da Síria e chegamos a Tiro; porque aí se devia descarregar o navio.

Contrariando todas as rogativas, Paulo se dirige a Jerusalém; perseguidor que tinha sido dos cristãos e antigo membro do sinédrio, o que lhe estaria reservado na cidade? Tal a pergunta que ele deve ter feito a si mesmo, durante a viagem. Todavia, profundamente identificado com o Evangelho, ouve apenas a intuição superior, através de sua consciência, que lhe dizia ser-lhe necessário, imprescindível mesmo, dar o seu testemunho a favor de Jesus, em Jerusalém.

Em nossa caminhada para a Espiritualidade Superior, muitas vezes teremos de pôr de lado as conveniências do mundo, desprezá-las, enfrentá-las, dar corajosamente o nosso testemunho, para não estacionarmos nas faixas inferiores da evolução.

4 — E como achássemos discípulos, nos detivemos ali sete dias; os quais, inspirados pelo Espírito Santo, diziam a Paulo que não subisse a Jerusalém.

137

5 — E passados estes dias, tendo partido dali, iamos nosso caminho, acompanhando-nos todos com as suas mulheres e com seus filhos até fora da cidade; e postos de joelhos na praia, fizemos a nossa oração.

6 — E tendo-nos despedido uns dos outros, nos embarcamos e eles voltaram para suas casas.

Paulo está em Tiro, onde o Evangelho já criara raízes. E como não perdia ocasião de ensinar, demorou-se uma semana nessa cidade. Entre os discípulos havia médiuns, por meio dos quais os Espíritos lhe pediam que não fosse a Jerusalém. É interessante notar que Paulo não dá ouvidos aos Espíritos. Isso é importante que anotemos: os Espíritos que ainda se prendem à Terra, têm suas paixões e receios, como nós mesmos; Paulo sabia disso e assim ignorou as sugestões que o fariam falhar em seu dever.

O Espiritismo, herdeiro direto do Cristianismo puro, inaugurou amplo intercâmbio entre os Espíritos e os encarnados, pelo que recebemos comunicações com facilidade; entretanto, não devemos confiar cegamente no que nos transmitem; não devemos acreditar em todos os Espíritos, ou aceitar tudo o que nos dizem. Passemos tudo pelo crivo da razão, da análise, da lógica, como nos ensina Allan Kardec; desse modo evitaremos grande número de sugestões falsas, de erros e mesmo de tolices.

7 — Nós porém, concluida a nossa navegação, de Tiro passamos à Ptolomaida; e havendo saudado aos irmãos, nos detivemos um dia com eles.

8 — E no dia seguinte, havendo partido dali, chegamos a Cesaréia. E entrando em casa de Filipe o evangelista. que era um dos sete, ficamos com ele.

9 — E tinha ele quatro filhas virgens que profetizavam.

Cerca de vinte anos depois. reencontramos Filipe. Ele foi um dos sete escolhidos pelos Apóstolos para ajudá-los em Jerusalém. Após a perseguição que se seguiu ao martírio de Estevão, fixou residência em Cesaréia e como que preparou o caminho aos futuros trabalhos de Paulo, pregando aos gentios: primeiro aos desprezados samaritanos e logo ao tesoureiro da rainha da Etiópia; é, pois um missionário pioneiro; tinha quatro filhas que eram profetizas, ou seja, médiuns, e daí concluimos que mantinha um núcleo de trabalhos espirituais na cidade; provavelmente foi dele que Lucas obteve grande número de informações para escrever o seu Evangelho e os primeiros capítulos dos Atos.

10 — E como nos detivessemos ali por alguns dias, chegou da Judéia um profeta, por nome Ágabo.

11 — Este, tendo vindo a nós, tomou a cinta de Paulo, e atando-se os pés e as mãos, disse: Isto diz o Espírito Santo: assim atarão os judeus em Jerusalém ao varão cuja é esta cinta e o entregarão nas mãos dos gentios.

Reencontramos também Ágabo, um profeta, um médium domiciliado em Jerusalém, onde trabalhava com os Apóstolos; em Antioquia profetizou a fome que se abateria sobre Jerusalém; agora prediz a prisão de Paulo pelos judeus; possuía a mediunidade de profecia. Eis o que Allan Kardec nos ensina a respeito dos médiuns proféticos:

"MÉDIUNS PROFÉTICOS: Variedade de médiuns inspirados ou de pressentimentos que recebem, com a permissão de Deus e com maior precisão do que os médiuns de pressentimentos, a revelação de ocorrências futuras de interesse geral, que estão encarregados de transmitir aos outros para fins instrutivos." "NOTA: Se há verdadeiros profetas, há também os falsos e ainda em maior número, que tomam os devaneios da própria imaginação por revelações, quando não se trata de mistificadores que o fazem por ambição. (Ver o n.º 624, de "O Livro dos Espíritos" sobre as características do verdadeiro profeta; e "O Livro dos Médiuns".

Pelo encadeamento dos fatos, pelo ambiente fanático e carregado de Jerusalém, excitado contra os Apóstolos e especialmente contra Paulo, fácil era deduzir-se que nada de bom o aguardava. É o que o Espírito confirma pela mediunidade de Ágabo.

12 — Quando ouvimos isto, nós e os que eram daquele lugar, lhe rogamos que não fosse a Jerusalém.

13 — Então Paulo a resposta que deu foi dizendo: Que fazeis chorando e afligindo-me o coração? Porque eu estou aparelhado não só para ser atado mas até para morrer em Jerusalém, pelo nome do Senhor Jesus.

14 — E vendo que o não podiamos persuadir, não o importunamos mais, dizendo: Faça-se a vontade do Senhor.

Paulo sentia intimamente que tinha um alto dever a cumprir em Jerusalém; fora ali em sua mocidade já longinqua que desencadeara terrível perseguição a Jesus, na pessoa de seus discípulos, culminando com o sacrifício de Estevão; por conseguinte, devia-lhes uma reparação no mesmo local onde errara clamorosamente; por isso tinha de ir a Jerusalém, e com o testemunho apaziguaria sua consciência.

No caminho da Espiritualidade Superior, nós nos defrontaremos com inúmeras provas, algumas bem difíceis e dolorosas, e não faltará quem nos queira desviar delas. É preciso bom ânimo para repelir os conselhos que nos fariam fracassar espiritualmente, e muita vigilância para não dar ouvidos a tentações que nos podem vir até de pessoas que nos são queridas. Os companheiros e colaboradores de Paulo, pelo muito amor que lhe tinham, aconselham-no a evitar as provas penosas que certamente o aguardavam em Jerusalém. Paulo lhes faz ver que estava preparado moral e espiritualmente para se submeter a elas; e resolutamente lhes repele os rogos.

15 — E depois destes dias, tendo-nos prevenido, subimos a Jerusalém.

16 — E alguns dos discípulos vieram também conosco desde Cesaréia, os quais levavam consigo a um tal Mnsason de Chipre, discípulo antigo, para nos hospedarmos em sua casa.

Prepararam-se convenientemente e foram para Jerusalém, Paulo e pequena caravana de discípulos. Mnason colaborava com os Apóstolos e recebeu a todos em sua casa; dada a agitação que lavrava na cidade contra Paulo, não o levou diretamente à instituição dos Apóstolos, que possivelmente estaria sob vigilância; e por isso hospedou-o discretamente.

17 — E chegados que fomos a Jerusalém, os irmãos nos receberam de boa vontade.

18 — E no dia seguinte foi Paulo em nossa companhia à casa de Tiago, onde se tinham congregado todos os anciãos.

19 — Havendo-os saudado, lhes contou uma por uma todas as coisas que Deus tinha obrado entre os gentios por seu ministério.

Por anciãos se designavam os Apóstolos e demais pessoas idosas que dirigiam a instituição cristã; a idade lhes conferia autoridade.

140

Temendo perseguições, reunem-se em casa de Tiago, e Paulo lhes faz circunstanciado relatório de suas atividades na difusão do Evangelho entre os gentios.

20 — Eles porém, depois que o ouviram, engrandeceram a Deus e lhe disseram: Bem vês, irmão, quantos milhares de judeus são os que têm crido e todos são zeladores da lei.

21 — E têm ouvido dizer de ti que ensinas os judeus que deixem a Moisés, dizendo que eles não devem circuncidar a seus filhos, nem andar segundo o seu rito.

É a velha questão da circuncisão que revive; querem que os judeus, mesmo convertidos ao Evangelho, continuem a observar os ritos de Moisés. E Paulo pregava que o Evangelho os libertava de tudo; e na epístola aos Gálatas escreve: "ó insensatos Gálatas! como podeis retornar ao jugo ao qual estivestes acorrentados? Não há mais judeus, nem gregos, nem escravos. Não perfaçais as grandes cerimônias ordenadas por vossas leis. Eu vos declaro que tudo aquilo não vale nada. Amai-vos uns aos outros. É necessário que o homem seja uma criatura nova. Vós fostes chamados à liberdade."

O mesmo sucede em nossos dias com o Espiritismo. Assim como o Evangelho, o Espiritismo é uma doutrina que nos liberta dos ritos e dos dogmas das religiões que o antecederam. Ilumina-nos, livrando-nos das trevas em que o obscurantismo religioso nos mergulhou por milênios. Enfim o Espiritismo também quer que sejamos uma criatura nova. E para isso, segundo Paulo, devemos ser: zelosos do bem; amar nosso próximo como a nós mesmos; agir sempre impulsionados pelo sentimento da caridade; cultivar a paz, a paciência, a benignidade, a bondade, a mansidão, a longanimidade, a fidelidade, a modéstia, a temperança, a continência; ajudar-nos e suportar-nos uns aos outros; com a certeza de que tudo quanto plantarmos, isso mesmo colheremos; pois tal é a lei. No entanto, vemos inúmeras pessoas que passam para o Espiritismo ainda observando os dogmas e os rituais da religião que deixaram e até mesmo tentando introduzi-los no Espiritismo. Como Paulo pelo Evangelho, é preciso que lutemos pela pureza do Espiritismo, não permitindo que se agreguem a ele os resíduos da superstição e do obscurantismo.

22 — Pois que se há de fazer? Certamente é necessário que a multidão se ajunte, porque ouvirão que tu és chegado.

A fama de Paulo corria mundo; era natural que tão logo se espalhasse a notícia de que ele estava na cidade, a curiosidade atrais..

141

se o povo; todos quereriam ver o doutor da lei, antigo membro do sinédrio, que abjurara a lei de Moisés, trocando-a pela doutrina do Humilde Carpinteiro de Nazaré; e que agora, em lugar de homenagens recebia apenas humilhações, açoites e prisões.

23 — Faze pois o que te vamos dizer; temos aqui quatro varões que têm voto sobre si.

24 — Depois de haveres tomado estes contigo, santifica-te com eles e faze-lhes os gastos da cerimônia, para que rapem a cabeça; e saberão todos que é falso quanto de ti ouviram e que pelo contrário segues o teu caminho, guardando a lei.

Os quatro varões tinham feito o voto de nazireus que consistia em se santificarem, professando uma vida de extraordinária pureza, abstinência e devoção, consagrando-se ao Senhor, segundo os preceitos de Moisés (Num. 6,2-3 e sg) Os gastos da cerimônia orçavam em três ovelhas para cada um, pães asmos borrifados de azeite, e tortas sem fermento também regadas de azeite. Como seriam quatro homens e mais Paulo que se purificaria com eles para aplacar a cólera do sinédrio, gastariam quinze ovelhas e mais o restante para a solenidade. Paulo arcaria com todas as despezas, porque os homens eram paupérrimos. Submetendo Paulo a semelhante ato, não só queriam humilhá-lo, como também obrigá-lo a dar uma demonstração pública de que, apesar de seguir Jesus, não deixara de observar a lei de Moisés; forçavam-no a desmentir com os atos o que pregava com palavras. É de crer que Paulo se prestasse a isso com extrema repugnância.

25 — E acerca daqueles que creram dentre os gentios, nós temos escrito que se abstenham do que fôr sacrificado aos ídolos e de sangue e de sufocação e da fornicação.

O sinédrio toleraria a pregação do Evangelho se os judeus, que o aceitassem, continuassem a observar rigorosamente a lei de Moisés; não concordava com que se afastassem de Moisés para seguiram apenas a Jesus. Quanto aos gentios convertidos, as exigências eram menores (ver capítulo 15, 20-29 e comentários).

26 — Então Paulo, depois de tomar consigo aqueles varões, purificado com eles, no seguinte dia entrou no Templo, fazendo saber o cumprimento dos dias da purificação, até que se fizesse a oferenda por cada um deles.

Não querendo, com sua recusa, causar transtornos à instituição cristã de Jerusalém, Paulo aceita humildemente as exigências do sinédrio. Os dias da purificação eram sete; no oitavo dia ofertavam-se os cordeiros, os pães asmos, as tortas untadas de azeite e o demais para a consagração; à porta do tabernáculo do Templo raspava-se a cabeça dos nazireus, e queimavam-se-lhes os cabelos em baixo do altar dos sacrifícios (Num. 6-1,27). Para Paulo aquela cerimônia não tinha valor algum, mas sacrifica-se para que o sinédrio não persiga o Cristianismo nascente.

27 — Mas quando estavam a findar os sete dias, aqueles judeus que se achavam ali da Ásia, tendo-o visto no Templo, amotinaram todo o povo e lhe lançaram as mãos gritando:

Uma vez que Paulo se submeteu às exigências, o sinédrio não o pôde mais condenar; contudo, a oportunidade para isso não se fez esperar: judeus da Ásia, das cidades onde ele pregara o Evangelho em suas viagens missionárias, o reconheceram no Templo; e lançaram o povo contra ele. É a intolerância religiosa que sempre anda no encalço dos discípulos sinceros.

28 — Varões de Israel, socorro; este é aquele homem que por todas as partes ensina a todos contra o povo e contra a lei e contra este lugar, até de mais a mais meteu os gentios no Templo e profanou este santo lugar.

29 — Porque tinham visto andar com ele a Trófimo de Éfeso, creram que Paulo o havia introduzido no Templo.

30 — E se comoveu toda a cidade e se ajuntou um grande concurso de povo. E lançando mão de Paulo, o arrastaram para fora do Templo e logo foram fechadas as portas.

Paulo nada ensinava contra o povo, nem contra a lei, nem contra o Templo; simplesmente pregava o Evangelho, e ensinava que as profecias, que sempre acompanharam Israel, se cumpriram na pessoa de Jesus. Do mesmo modo, Jesus declarou que não vinha destruir a lei de Moisés, mas dar-lhe cumprimento. E hoje o Espiritismo complementa as duas revelações anteriores, a de Moisés e a de Jesus, delas nada destruindo mas ensinando, revelando a grande lei da evolução espiritual pelas reencarnações e pelo aprimoramento moral. É preciso compreender-se que as revelações são progressivas e chegam sempre quando a humanidade está preparada para recebê-las. A religião é uma só que evolue de conformidade com o desenvolvimento da inteligência e da compreensão dos homens. Todavia, o obscurantismo religioso tenta fechar cada revela-

143

ção num como que compartimento estanque, não deixando que elas fluam e se encadeiem naturalmente; daí se originam as lutas religiosas que infelicitam o mundo.

A entrada dos gentios no Templo era rigorosamente proibida; nos portões havia taboletas avisando os gentios de não entrar, sob pena de morte. Estes avisos eram redigidos em grego e latim, assim: "Nenhum homem de outra nação pode transpor os muros ao redor do Templo. Quem quer que seja que aí for apanhado, deve queixar-se de si mesmo do resultado de sua morte." Em 1871, arqueólogos, escavando os locais onde se erigia o Templo, encontraram uma dessas taboletas escrita em grego.

Trófimo de Éfeso era um discípulo do Evangelho, mas para os judeus, um gentio; e como o tinham visto em companhia de Paulo, acusaram-no de o ter introduzido no Templo, profanando-o. Isto não podia ser verdade, pois Paulo bem conhecia o rigor que ali imperava e não se atreveria a arriscar a vida dum companheiro; no entanto, valeram-se desse pretexto para o atacar; e os fanáticos o agarram e o arrastam para fora; iam lapidá-lo. Estamos no ano 60 da era cristã; vinte e sete anos atrás, a turba inconsciente sacrificara Estevão no mesmo local.

31 — E procurando eles matá-lo, chegou aos ouvidos do tribuno da côorte que toda Jerusalém estava amotinada.

32 — Ele havendo logo tomado soldados e centuriões, correu a eles. Os quais, tendo visto ao tribuno e aos soldados, cessaram de ferir a Paulo.

33 — Então chegando-se o tribuno, lançou mão dele, e o mandou atar com duas cadeias, e lhe perguntou quem era e o que havia feito.

34 — Mas nesta confusão de gente, uns gritavam duma sorte, outros de outra. E como por causa do tumulto não podia vir ao conhecimento de coisa alguma ao certo, mandou que o levassem à cidadela.

35 — E quando Paulo chegou às escadas, foi necessário tomarem-no os soldados, de grande que era a violência do povo.

36 — Porque era grande a aluvião que o seguia, dizendo aos gritos: Mata-o.

É de notar-se a rapidez com que os soldados compareceram para salvar Paulo de morte certa; isto se deve a que uma legião romana se aquartelava na torre Antonia, aqui designada como cidadela. No canto noroeste do Templo, e comunicando-se com este por uma escadaria que dava no adro, havia a torre Antonia, que na realidade era uma fortaleza; sua função era defender o Templo em caso de guerra; dali as autoridades romanas vigiavam os judeus, observando-lhes todos os movimentos e tudo o mais que se passava no Templo. O tribuno representava em Jerusalém o poder romano, com sede em Cesaréia. Ao estalar o motim, tomou alguns centuriões e um destacamento de soldados e foi sufocá-lo; tomando Paulo por promotor do conflito, mandou acorrentá-lo; a violência desencadeada pelo fanatismo era tal que tiveram de carregá-lo a fim de não o massacrarem.

37 — E quando começavam já a meter Paulo na cidadela, disse ao tribuno: Desejava saber se me é permitido dizer-te duas palavras? O qual lhe respondeu: Sabes o grego?

As línguas dominantes naquela época eram o latim, o grego e o hebraico, as quais Paulo falava corretamente. Dirigindo-se ao tribuno em grego, Paulo obtém o que desejava, ou seja, ser atendido.

38 — Por ventura não és tu aquele egípcio que os dias passados levantaste um tumulto e conduziste ao deserto quatro mil homens assassinos?

Sujeitos ao domínio romano que os judeus odiavam, freqüentemente apareciam indivíduos que suscitavam entre o povo revoltas contra o dominador. Tal o homem que o tribuno aqui cita, o qual, batido, foge para o deserto arrastando seus comparsas.

39 — E Paulo lhe disse: Eu na verdade sou homem judeu, natural de Tarso na Cilícia, cidadão desta não desconhecida cidade. Mas rogo-te que me permitas falar ao povo.

A cidade de Tarso ocupa lugar de merecido destaque na história do Cristianismo; foi nela que nasceu Paulo; situa-se na Cilícia, antiga província da Ásia Menor. Nesta região abundava o gado caprino, fornecedor da matéria-prima para a indústria da tecelagem, uma das mais importantes daquele tempo. Era também uma cidade universitária; dela há uma inscrição que diz: "A grande e maravilhosa metrópole da Cilícia;" por isso Paulo se refere a ela como "cidadão desta não desconhecida cidade." Hoje é uma cidade pequena com cerca de 25.000 habitantes. A cidade antiga, a do tempo de Paulo são ruínas de grande valor histórico.

40 — E quando lho permitiu o tribuno, pondo-se em pé sobre os degraus, fez sinal ao povo com a mão, e tendo ficado todos num grande silêncio, falou então em língua hebraica, dizendo:

Admiremos aqui a rapidez e a flexibilidade da mente de Paulo, que lhe permitiam dominar facilmente as mais difíceis situações: para ser ouvido pelo tribuno, fala-lhe em grego; e para ser ouvido pelos judeus, fala-lhes em hebraico, a língua do sinédrio.

CAPÍTULO XXII

Discurso de Paulo em sua defesa.

1 — Varões, irmãos e pais, ouvi a razão que presentemente vos dou de mim.

2 — E quando viram que lhes falava em língua hebráica, o escutaram com maior silêncio.

Falando a própria língua do sinédrio, o hebráico clássico, Paulo lhes faz um relatório de como e porque se tornou cristão; ao se dirigir aos mais velhos, dá-lhes o título de pais; e aos mais moços, o de irmãos.

3 — E disse: Eu, pelo que toca à minha pessoa, sou judeu, que nasci em Tarso de Cilícia, e me criei nesta cidade, instruído aos pés de Gamaliel, conforme a verdade da lei de nossos pais, zelador da lei, assim como todos vós também o sois no dia de hoje;

Paulo, para instruir-se na lei de Moisés, e dela tornar-se um doutor, veio em sua juventude para Jerusalém, onde teve por mestre a Gamaliel, um dos mais respeitáveis membros do sinédrio, ao qual presidiu sob Tibério, Calígula e Cláudio, imperadores romanos; faleceu por volta do ano 52; já o encontramos no capítulo 5-34, 39, dando a seus pares o conselho sobre o Cristianismo nascente, que ficou conhecido com "o conselho de Gamaliel", um modelo de tolerância religiosa para todos os tempos.

4 — Eu que perseguia este caminho até a morte, prendendo e metendo em cárceres a homens e mulheres;

5 — Como príncipe dos sacerdotes e todos os anciãos me são testemunhas, dos quais havendo também recebido cartas para

os irmãos, ia a Damasco com o fim de os trazer dali presos a Jerusalém, para que fossem castigados.

6 — Mas aconteceu que indo eu no caminho e achando-me já perto de Damasco, a hora do meio-dia, de repente me cercou uma grande luz no céu;

7 — E caindo por terra, ouvi uma voz que me dizia: Saulo, Saulo, porque me persegues?

8 — E eu respondi: Quem és tu, Senhor? E o que me falava me disse: Eu sou Jesus Nazareno, a quem tu persegues.

9 — E os que estavam comigo viram sim a luz, mas não ouviram a voz daquele que falava comigo.

10 — Então disse eu: Senhor, que farei? E o Senhor me respondeu: Levanta-te, vai a Damasco, e lá se te dirá o que deves fazer.

11 — E como eu ficasse cego pelo intenso clarão daquela luz, tendo sido pelos que me acompanhavam levado pela mão, cheguei a Damasco.

12 — E um certo Ananias, varão segundo a lei, que tinha o testemunho de todos os judeus que ali assistiam.

13 — Vindo ter comigo e pondo-se diante de mim, disse-me: Saulo, irmão, recebe a vista. E no mesmo ponto o vi a ele.

14 — E ele me disse: O Deus de nossos pais te predestinou para que conhecesses a sua vontade e visses ao Justo e ouvisses a voz de sua boca;

15 — Porque tu serás sua testemunha diante de todos os homens, das coisas que tens visto e ouvido.

16 — E agora para que te demoras? Levanta-te e recebe o batismo e lava os teus pecados, depois de invocar o seu nome.

17 — E aconteceu que, voltando eu para Jerusalém e orando no Templo, fui arrebatado fora de mim.

18 — E vi ao que me dizia: Dá-te pressa e sai logo de Jerusalém porque não receberão o teu testemunho de mim.

19 — E eu disse: Senhor, eles mesmos sabem que eu era o que metia em cárceres e açoitava pelas sinagogas aos que criam em ti;

20 — E quando se derramava o sangue de Estevão, testemunha tua, eu estava presente e o consentia e guardava os vestidos dos que o matavam.

Paulo narra aos judeus enraivecidos o acontecimento que provocou sua conversão ao Evangelho (Vide capítulo 9-1,30 e comentários).

21 — E ele me disse: Vai, porque eu te enviarei às nações de longe.

Paulo recebeu da Espiritualidade Superior a tarefa de propagar o Evangelho às nações de longe, isto é, aos gentios, para que o Evangelho se tornasse um patrimônio universal.

22 — E os judeus o haviam escutado até esta palavra, mas levantaram então a sua voz, dizendo: Tira do mundo a tal homem, porque não é justo que ele viva.

23 — E como eles fizessem alaridos, e arrojassem de si os seus vestidos, e lançassem pó para o ar,

É a manifestação brutal da intolerância e do fanatismo religioso de todos os tempos. Ultimamente manifestam-se contra o Espiritismo, tentando sufocá-lo. Todavia, por mais violenta que seja essa agressão, jamais ela apagará a Luz que o Senhor acendeu.

24 — Mandou o tribuno metê-lo na cidadela, e que o açoitassem e lhe dessem tormento, para saber porque causa clamavam assim contra ele.

25 — Mas tendo-o ligado com umas correias, disse Paulo a um centurião que estava presente: É-vos permitido açoitar um cidadão romano e que não foi condenado?

26 — Tendo ouvido isto, foi o centurião ter com o tribuno, e lhe fez aviso dizendo: Que determinas tu fazer? pois este homem é cidadão romano.

27 — E vindo o tribuno lhe disse: Dize-me se tu és romano. E ele lhe disse: Sim.

28 — E respondeu o tribuno: A mim custou-me uma grande soma de dinheiro para alcançar este foro de cidadão. Então lhe disse Paulo: Pois eu sou-o de nascimento.

29 — Logo no mesmo tempo se apartaram dele os que o haviam de pôr a tormento. Também o tribuno entrou em temor, depois que soube que era cidadão romano, e porque o tinha feito liar.

Diante daquele tumulto e para evitar conseqüências graves, recolheram Paulo à torre Antonia, e o querem torturar para que confessasse a causa de toda aquela agitação. Percebendo o que lhe ia acontecer, invoca sua qualidade de cidadão romano, como já o fizera em Filipos. Repetimos aqui nosso comentário aos versículos 37-40, do capítulo 16: leis especiais protegiam o cidadão romano; hoje não mais sabemos em que consistiam exatamente essas leis, pois elas se perderam; contudo, nenhum cidadão romano podia ser supliciado ou açoitado ou ser condenado à morte na cruz, em hipótese alguma; e

148

sempre lhe era concedido o direito de apelar para o povo romano, em último recurso. Este direito foi confirmado no ano 509 A.C, pela lei Valéria; em 199 A.C. pela lei Porcia, e mais tarde pelas leis Simpronias. O simples fato de amarrarem um cidadão romano ao poste de torturas já era um delito severamente punido. O tribuno não era romano; mas naturalizou-se romano, pagando um alto preço; porém Paulo o era de nascimento, embora judeu, porque Marco Antonio, no ano 42 A.C. tornara Tarso uma cidade livre do Império Romano.

Paulo perante o sinédrio

30 — E ao dia seguinte, querendo saber com mais individuação a causa que tinham os judeus para acusá-lo, o fez desatar e mandou que se ajuntassem os sacerdotes e todo o conselho e produzindo a Paulo, o apresentou diante deles.

Por causa de sua cidadania romana, o tribuno se interessa em aprofundar o caso de Paulo; e marca uma audiência logo para o dia seguinte. Para apresentá-lo ao conselho desatam Paulo que passara a noite acorrentado.

CAPÍTULO XXIII

1 — Paulo pois, pondo os olhos no conselho, disse: Varões irmãos eu até o dia de hoje me tenho portado diante de Deus com toda boa consciência.

Paulo começa por demonstrar-lhe que não tinha do que se acusar perante aquele tribunal, que o queria condenar de qualquer forma.

2 — E Ananias, príncipe dos sacerdotes, mandou aos que estavam junto dele, que o ferissem na cara.

3 — Então lhe disse Paulo: Deus te ferirá a ti, parede branqueada. Tu estás aí sentado para julgar-me a mim segundo a lei, e contra a lei mandas que eu seja ferido.

4 — E os que estavam ali disseram: Tu injurias o sumo sacerdote de Deus?

5 — E disse Paulo: Não sabia eu, irmãos, que é o príncipe dos sacerdotes. Porque escrito está: Não dirás mal do príncipe do teu povo.

Castigavam aqueles que injuriassem o sumo sacerdote, batendo-lhes nos lábios com minúsculos açoites. Parede branqueada, isto é, hipócrita, dado a suma hipocrisia que presidia aos atos do sinédrio.

Paulo lhes paga na mesma moeda, respondendo-lhes ignorar ser aquele o sumo sacerdote, pois se o soubesse não cometeria um ato contra a lei.

6 — Ora sabendo Paulo que uma parte era de saduceus e outra de fariseus, disse em alta voz no conselho: Varões irmãos, eu sou fariseu, filho de fariseus, acerca da esperança e da ressurreição dos mortos eu sou julgado.

7 — E quando disse isso, se moveu uma grande dissenção entre os fariseus e os sadeceus e se dividiu a multidão.

8 — Porque os saduceus dizem que não há ressurreição, nem anjo nem espírito, ao mesmo tempo que os fariseus reconhecem um e outro.

Vendo-se sozinho, sem ninguém para defendê-lo das acusações do sinédrio, e notando que na assembléia havia fariseus e saduceus, seitas rivais, Paulo procura tirar partido da situação: proclama-se fariseu e assim joga uma seita contra a outra.

Os fariseus constituíam a mais influente seita judaica, que tinha Hilel como chefe, doutor judeu nascido na Babilônia, fundador de uma célebre escola onde se ensinava que a fé só era dada pelas Escrituras. Sua origem remonta aos anos 180 ou 200 antes de Cristo. Criam, ou pelo menos professavam crer na Providência, na imortalidade da alma, na eternidade das penas e na ressurreição dos mortos.

A seita dos saduceus formou-se por volta do ano 248 antes de Cristo, assim chamada em virtude do nome do seu fundador, Sadoc. Os saduceus não acreditavam na imortalidade da alma, nem na ressurreição ou na existência de anjos bons e maus. Apesar disso, acreditavam em Deus, e embora nada esperassem após a morte, serviam-no com interesse de recompensas temporais, ao que, segundo acreditavam, se limitava a sua providência. Essa seita era pouco numerosa, mas contava com personagens importantes e tornou-se um partido político sempre oposto aos fariseus. (O Evangelho segundo o Espiritismo, Allan Kardec).

Ao declarar que era julgado acerca da esperança e da ressurreição dos mortos, Paulo falava a verdade: porque o Evangelho é esperança e a morte não existe; depois de deixar o corpo de carne, ressurgiremos plenos de vida no mundo espiritual.

9 — Houve pois grande vozeria. E levantando-se alguns dos fariseus, altercavam dizendo: Não achamos mal algum neste homem; quem sabe se lhe falou algum Espírito ou anjo?

10 — E como se tivesse originado daqui grande dissenção, temendo o tribuno que Paulo fôsse por eles despedaçado, mandou que descessem os soldados e o tirassem dentre eles e o levassem à cidadela.

O estratagema de Paulo surtiu efeito; as duas seitas passaram a atacar-se, quase que esquecidas dele; alguns fariseus o defenderam. No entanto o tumulto se generalizou e o tribuno, receando que algo de grave lhe sucedesse, mandou que o recolhessem à torre Antonia. E o julgamento foi suspenso.

AS IRMÃS FOX

No Espiritismo temos um episódio quase igual: o das irmãs Fox, de Hydesville, vilarejo dos Estados Unidos da América do Norte:

"A família Fox se compunha do pai João Fox, da mãe, a senhora Fox, e de duas filhas, Margaret, de quinze anos, e de Kate, de apenas doze anos. Pertenciam à Igreja Episcopal Metodista, da qual eram, como declarou a senhora Hardinge: "... membros exemplares e incapazes de serem acusados de alguma suspeita de fraude ou de mistificação."

"Quando se reuniam num quarto de sua modesta casinha, ouviam, muito freqüentemente, baterem na parede, no assoalho, ou nos outros cômodos, principalmente naquele onde dormiam as duas meninas. Acorriam e, ainda que tudo estivesse bem fechado, encontravam os móveis espalhados, os objetos atirados no meio do quarto, sem que ali ninguém tivesse penetrado; e também em sua presença, os móveis continuavam a agitar-se com um movimento de oscilação. Além do mais, as duas meninas, por vezes, sentiam mãos invisíveis, produzin-do-lhes uma sensação fria, passar carinhosamente por suas epidermes..

"Aquela pobre gente não tinha mais paz e, atribuindo esta per-turbação da ordem natural das coisas a vizinhos brincalhões, de noite percorriam os arredores da sua casinha para descobrir os importunos; mas tudo em vão.

"Finalmente, sempre aumentando de intensidade os fenômenos acima referidos, na noite de 31 de março de 1848, uma orquestra diabólica, composta de instrumentos invisíveis e até então nunca ouvidos, perturbou o sono da família Fox; parecia o barulho que fazem as portas e as janelas batidas violentamente. Era de perder-se a cabeça.

"Kate Fox, a mais jovem das filhas, percebendo que estes fenômenos não lhe causavam nenhum mal, acabou por habituar-se a eles, os quais a divertiam, tanto que uma noite, por brincadeira, estalando algumas vezes os dedos da mão direita, gritou para o perturbador invisível: "Faça como eu". Subitamente os estalos se repetiram no mesmo número de vezes. A cena, como era natural, impressionou vivamente os presentes, que começaram a fazer perguntas, às quais o interlocutor invisível respondeu, sempre por meio de pancadas ou nas paredes ou no centro duma mesa. À pergunta: "Sois um homem?" nenhuma resposta. A pergunta: "Sois um Espírito?" foram dadas repetidamente muitas batidas. Grandemente impressionados, os Fox chamaram alguns vizinhos e passaram a noite inteira na primeira das sessões espíritas da qual se tem notícia.

"Com rapidez fulminante estas práticas se esparramaram por toda América e invadiram depois a Europa.

"Cessado o primeiro movimento de curiosidade, começou-se a dar aos fenômenos bem outra importância; falou-se da possibilidade de rever os próprios mortos e de se ter notícias do outro mundo. O falatório foi tanto que os religiosos trataram do caso e se preocuparam; o pastor local impôs aos Fox que desistissem daquilo, no que não foi atendido.

"Houve sessões em que se deram visões de mortos, os quais revelaram viver ainda, mas de outro modo, de amar sempre seus entes queridos, que protegiam e aos quais deram provas de se interessar por eles. Falou-se de Espíritos notáveis que se declararam satisfeitos com as primeiras experiências e estavam prontos a facilitar as comunicações entre os vivos e os habitantes do Além. Os sacerdotes católicos se puseram a exorcismar aqueles que tinham mediunidade, e a ensopar de água benta as mesas girantes, sem nenhum efeito.

"A família Fox, origem de tamanho escândalo, foi expulsa da comunidade e obrigada a fugir para Rochester, onde os fenômenos não só continuaram, como também redobraram de intensidade. Os habitantes de Rochester, fanáticos e divididos e subdivididos num sem número de pequenas seitas, passaram a perseguir com tamanha violência os recém-chegados, que os obrigaram a dar uma sessão pública. Começou-se com uma conferência explicativa, durante a qual a turba se entregou a todos os excessos. Contudo, para se obter um resultado prático, decidiu-se nomear uma comissão encarregada de assistir a uma sessão e relatá-la.

"Contra toda a expectativa, a comissão, depois de meticuloso exame, concluiu confirmando plenamente os fenômenos. Não se dando por vencidos, nomearam uma segunda comissão, a qual submeteu as duas meninas a um rigoroso exame, não as poupando nem mesmo à prova ultrajante de desnudá-las. O resultado foi o mesmo.

"Então, como último recurso, formaram, entre os mais cépticos e incrédulos, uma última comissão que lhes assegurasse a verdade; e para grande maravilha do povo, o resultado foi ainda uma vez favorável à existência dos fenômenos.

"Foi quando o populacho, excitado ao máximo, resolveu linchar a família Fox, os seus amigos e até os membros das comissões. E de certo teria corrido sangue se um "quaker", George Willets, penalizado pela tenra idade das duas meninas, não enfrentasse a multidão gritando: "Antes de tocarem nelas, terão de passar sobre meu cadáver".

"Esta ira popular, a auréola de martírio que circundou a fronte das irmãs Fox, as acirradas polêmicas suscitadas, enfim este místico de trágico e de extraordinário contribuiu infinitamente para a difusão das novas experiências e em breve toda a América se interessava por elas quem para combater a nova doutrina, quem para defendê--la, quem para ridicularizá-la". (Prof. A. Pappalardo — Spiritismo — 5.ª edição.)

Como vemos, no tempo de Paulo, quer no nosso, as trevas estão sempre prontas a embaraçar a difusão das luzes espirituais, sacrificando seus portadores.

> 11 — E na noite seguinte, aparecendo-lhe o Senhor, lhe disse: Tem constância, porque assim como deste testemunho de mim em Jerusalém, assim importa que também mo dês em Roma.

Depois das emoções que durante estes dias sofrera em Jerusalém, da humilhação no Templo entre os nazireus, e frente aos sacerdotes e a uma populaça inconsciente, dos açoites e dos apupos recebidos, Paulo sentia-se combalido. E novamente o Plano Espiritual vem em seu socorro duma maneira tangível, reavivando-lhe as forças, pois sua prova testemunhal só terminaria em Roma.

Conspiração dos judeus contra Paulo; este é mandado para Cesaréia.

12 — E quando chegou o dia, houve alguns dos judeus que fizeram liga entre si e apostados se praguejaram, dizendo que eles não haviam de comer nem beber, enquanto não matassem a Paulo .

13 — E eram passante de quarenta pessoas, as que tinham entrado nesta conjuração;

14— As quais se foram apresentar aos príncipes dos sacerdotes e aos senadores e disseram: Nós nos temos obrigado por voto, sob pena de maldição, a não provarmos bocado até não matarmos a Paulo

15 — Vós pois agora, com o conselho, fazei saber ao tribuno que quereis vô-lo produza, como para haverdes de tomar algum conhecimento mais ao certo de sua causa. E nós estamos prestes para o matar, antes que ele chegue.

Vemos aqui a intolerância religiosa levada ao extremo; resolveram acabar com ele de qualquer jeito; e arquitetam um plano para assassiná-lo. É de notar que os sacerdotes e os senadores, as autoridades máximas da nação, que tinham por dever oferecer a Paulo um julgamento justo, aprovam e facilitam a trama assassina.

16 — Mas um filho da irmã de Paulo, tendo ouvido esta conspiração, foi e entrou na cidadela e deu aviso a Paulo.

17 — Então Paulo, chamando a si um dos centuriões, disse: Leva este moço ao tribuno, porque tem coisa que lhe comunicar.

18 — E nesta conformidade, tomando-o ele consigo, o levou ao tribuno e disse: O preso Paulo me rogou que trouxesse eu à tua presença este moço que tem coisa que dizer-te.

19 — E o tribuno, tomando-o pela mão, o tirou à parte e lhe perguntou: Que é o que tens que me dizer?

20 — E ele disse: Os judeus tem concertado rogar-te que amanhã apresentes Paulo ao conselho, como para haverem de inquirir dele alguma coisa mais ao certo.

21 — Mas tu não os creias, porque há mais de quarenta deles que lhe armam traição, os quais tem jurado, sob pena de

maldição, que não comerão nem beberão enquanto o não matarem; e para isso estão já prestes, esperando que tu faças o que eles dizem.

22 — Então o tribuno depediu o moço, mandando-lhe que a ninguém dissesse que lhe havia dado aviso disto.

Felizmente o segredo da conspiração não tinha sido bem guardado; e um sobrinho de Paulo, que morava em Jerusalém, preveniu o tio do que se passava. Paulo faz com que o jovem compareça à presença do tribuno e lhe denuncie a trama.

23 — E chamando a dois centuriões, lhes disse: Tende prontos duzentos soldados, que vão até Cesaréia e setenta de cavalo e duzentas lanças, desde a hora terceira da noite;

24 — E aparelhae cavalgaduras para que, fazendo eles montar a Paulo, o chegassem a levar com segurança ao presidente Felix.

25 — (Porque temeu não se desse caso os judeus arrebatassem e o matassem e depois disso fosse ele acusado como que havia de receber dinheiro para lho entregar).

O tribuno tomou providências prontamente; percebeu que a presença de Paulo em Jerusalém se tornava perigosa; se o sinédrio requisitasse o prisioneiro, teria de atender ao pedido; para defendê-lo dos conjurados haveria luta, o que Roma não aprovaria; estudando bem a situação, viu que a melhor solução seria afastá-lo da cidade o quanto antes, levando o caso a um tribunal superior, uma vez que Paulo era cidadão romano.

O tribuno ordenou que Paulo fosse escoltado para Cesaréia por quatrocentos e setenta soldados; duzentos armados de escudos e espadas; duzentos de lanças e setenta cavalarianos. Esse aparato bélico evitaria uma emboscada dos judeus para se apossarem de Paulo e matá-lo; caso isso acontecesse, o tribuno poderia ser acusado de conivência com os assassinos. A terceira hora da noite corresponde à meia-noite, quando deveriam partir.

26 — Escrevendo uma carta nestes termos: Cláudio Lísias ao ótimo presidente Felix, saúde.

27 — A este homem, que foi preso pelos judeus e que estava a ponto de ser por eles morto, sobrevindo eu com a tropa, o livrei tendo sabido já que é romano.

28 — E querendo saber o delito de que o acusam, o levei ao conselho deles.

29 — Achei que era acusado sobre questões da lei dos mesmos, sem haver nele delito algum que merecesse morte ou prisão.

30 — E como tivesse chegado a mim a notícia das traições que eles, judeus, lhe tinham aparelhado, to remeti, intimando também aos acusadores que recorram a ti. Adeus.

Cláudio Lísias chamava-se o tribuno comandante da guarnição romana, estacionada em Jerusalém, na torre Antonia. Felix era o procurador romano da Judéia, sendo Cesaréia a sede do governo. O processo de Paulo foi remetido a um tribunal superior, ao qual deveriam comparecer também seus acusadores. A carta do tribuno já inocenta Paulo e apresenta-o ao governador como um cidadão romano, o que lhe garantiria um tratamento especial.

31 — Os soldados pois, conforme a ordem que tinham, tomando a Paulo, o levaram de noite a Antipatride.

32 — E ao dia seguinte. deixando aos de cavalo que fossem com ele, voltaram para a guarnição.

33 — Os quais, tendo chegado a Cesaréia, e depois de entregarem ao presidente a carta que levavam, apresentaram diante dele também a Paulo.

34 — Ele porém, depois de a ler e perguntar de que província era e sabendo que era da Cilícia,

35 — Ouvir-te-ei, lhe disse, quando chegarem os teus acusadores. E mandou que ele fosse posto em custódia no pretório de Herodes.

Marchando à noite, os soldados chegaram a Antipatride, uma cidade da Judéia fundada por Herodes, o Grande, que lhe deu esse nome em honra a seu pai, que se chamava Antipater; situava-se a meio caminho de Jerusalém a Cesaréia. Não havenda mais o perigo de serem atacados pelos judeus, voltam os quatrocentos soldados de infantaria, escoltando a Paulo dali em diante apenas os setenta cavalarianos. Em Cesaréia entregam a carta ao governador e lhe apresentam Paulo. Inteirando-se do conteúdo da carta, marca o julgamento para quando chegassem os acusadores. Roma não se pronunciava enquanto não ouvisse ambas as partes. Não recolhem Paulo à prisão comum, dada sua qualidade de cidadão romano; fica detido no pretório de Herodes, com sentinela à vista. O pretório era a residência do governador, e o local onde se ministrava a justiça.

Os pretórios se compunham de uma sala de entrada, de um largo corredor em todo o comprimento do edifício, dois pátios laterais ladeados pelas casas dos magistrados e pelas dos soldados da guarda e mais os aposentos particulares do governador.

CAPÍTULO XXIV

Paulo perante o governador Felix

1 — E dali a cinco dias veio o príncipe dos sacerdotes, Ananias, com alguns anciãos e com um certo Tértulo orador, todos os quais compareceram ante o presidente contra Paulo.

2 — E citado Paulo, começou Tértulo a acusá-lo nestes termos: Como pela tua autoridade é que nós gozamos uma profunda paz e pela tua sábia providência se tem emendado muitos abusos,

3 — Nós o reconhecemos em todo o tempo e lugar, ótimo Felix, com a devida ação de graças;

4 — Mas por te não ter suspenso muito tempo, rogo-te que ouças, com a tua equidade ordinária, o que te vamos a dizer em breves palavras.

Cinco dias depois chegaram os membros do sinédrio. E Ananias contratou o orador Tértulo, uma espécie de advogado, para acusar Paulo. Tértulo, a fim de ganhar as graças do governador, começa por tecer-lhe um alto elogio e ao seu governo.

5 — Nós temos achado que este homem é pestífero e que em todo o mundo excita sedição entre todos os judeus e que é cabeça da sediciosa seita dos nazarenos;

6 — Que também tentou profanar o Templo, de maneira que, depois de preso, o quisemos julgar segundo a nossa lei.

7 — Mas sobrevindo o tribuno Lísias, ele nô-lo tirou das mãos com grande violência.

8 — Ordenando que os seus acusadores viessem comparecer diante de ti; dele poderás tu mesmo, julgando, tomar conhecimento de todas estas coisas de que nós o acusamos.

9 — E também os judeus acrescentaram dizendo ser isto assim.

Para o sinédrio, zelador da lei de Moisés, a seita nazarena, isto é, o Cristianismo nascente, estava fora da lei e como tal devia ser perseguida e aniquilada. As pregações de Paulo eram tidas como sediciosas, pelo que o condenavam. Quanto a profanar o Templo, bem vimos que é uma acusação falsa.

Roma, em suas relações com os povos subjugados, respeitava-lhes as instituições e os costumes, até onde não ameaçassem sua segurança; assim os judeus gozavam de plena liberdade religiosa e quase completa nos assuntos judiciais. Fiel a essa política, nunca se imiscuia nas questões do Templo, permitindo que o sinédrio agisse como quisesse. Interferindo o tribuno Lísias, culpam-no de favorecer Paulo, e portanto a seita nazarena, impedindo que o julgassem segundo a lei deles, com o que demonstram o seu descontentamento para com Roma.

10 — Mas Paulo (tendo-lhe o presidente feito sinal que falasse) respondeu: Sabendo que tu és juíz desta nação muitos anos há, com bom ânimo satisfarei por mim.

11 — Tu podes facilmente saber que não há mais que doze dias que eu cheguei a Jerusalém a fazer a minha adoração;

12 — E nem me acharam no Templo disputando com algum, nem fazendo concurso de gente, nem nas sinagogas,

13 — Nem na cidade; nem te podem provar as coisas de que agora me acusam.

Sendo sua vez de falar, Paulo não desce a elogios mesquinhos; cumprimenta o governador e declara que ele mesmo se defenderia; demonstra-lhe que há poucos dias tinha chegado a Jerusalém, para as comemorações da Páscoa; diz-lhe que não fizera pregação de suas idéias no Templo, nem fora dele; e que, quanto às acusações, não sendo elas verdadeiras, não poderiam ser provadas.

14 — Porém confesso diante de ti: que, segundo a seita que eles chamam heresia, sirvo eu a um Pai e Deus, crendo todas as coisas que estão escritas na lei e nos profetas;

15 — Tendo esperança em Deus, como eles também esperam, que há de haver a ressurreição dos justos e dos pecadores.

16 — E por isso procuro ter sempre a minha consciência sem tropeço diante de Deus e dos homens.

De fato, o Evangelho não veio destruir a lei ou invalidá-la, mas dar-lhe cumprimento, segundo declarou o próprio Jesus. Do mesmo modo, o Espiritismo não veio para combater ou destruir religiões, e sim trazer novos ensinamentos que as completam e espiritualizam.

Sendo Deus nosso Pai, nele devemos depositar todas nossas esperanças; e como somos Espíritos imortais, ressurgiremos cheios de vida no mundo espiritual, depois de passar pelo fenômeno da morte. E para que não tenhamos decepções do lado de lá, precisamos não cometer atos que manchem nossa consciência.

17 — E depois de muitos anos, vim à minha gente a fazer esmolas e oferendas e votos.

18 — Nisto me acharam purificado no Templo; não com turba, nem com tumulto.

A esmola a que Paulo se refere, era a coleta que ele fazia regularmente entre os irmãos dos núcleos que fundara nas cidades onde estivera e se destinava a auxiliar a obra dos Apóstolos em Jerusalém. Foi esse um hábito que ele conservou por toda a vida (Cap. 11, 28--30). E as oferendas e votos, as despesas que pagou pela purificação dos quatro nazireus, que acompanhou no Templo, segundo o ritual da purificação.

19 — E estes foram uns judeus da Ásia, que deviam comparecer diante de ti e acusar-me, se tivessem alguma coisa contra mim;

20 — Ou estes mesmo digam se acharam em mim alguma maldade, quando eu compareci em conselho;

21 — Senão só destas palavras que proferi em voz alta, estando no meio deles: Eu hoje pois sou julgado por vós acerca da ressurreição dos mortos.

Na realidade, Paulo não tumultuara o Templo; foram os judeus da Ásia que o reconheceram entre os quatro nazireus; se algo houvesse contra ele, seriam eles que o deveriam acusar; e mesmo os que ali estavam, nenhuma culpa lhe poderiam imputar. Paulo habilmente desloca a questão para o terreno controverso entre os fariseus e os saduceus: o da ressurreição dos mortos.

O Espiritismo prega também a ressurreição dos mortos; não, porém, a do corpo de carne, que se desfaz na sepultura, onde passa a integrar o grande reservatório da natureza; a ressurreição é a do Espírito, nossa alma imortal, que ressurge no Plano Espiritual. Aliás é o que o próprio Paulo nos ensina em sua **Primeira Epístola aos Coríntios**, capítulo 15, nos versículos:

42 — Assim também a ressurreição dos mortos. Semeia-se o corpo em corrupção, ressuscitará em incorrupção.

44 — E semeado o corpo animal, ressuscitará o corpo espiritual.

O corpo semeado em corrupção é o nosso corpo de carne; corrupto porque apodrece na sepultura; e o corpo incorrupto é o nosso Espírito, que não sofre a corrupção material, ou seja, não apodrece, não se enterra com o corpo de carne, mas se destaca dele e vai viver nas belíssimas esferas espirituais do reino de Deus. O corpo animal que se semeia, é o corpo de carne que participa da vida animal, simples instrumento do Espírito durante o tempo de sua vida terrena. O corpo espiritual é o Espírito, que habita o corpo animal, enquanto vivo na Terra, e do qual se liberta pela morte. Enquanto encarnados, somos compostos de: corpo de carne ou animal; perispírito, elo de ligação entre o corpo e o Espírito; e Espírito propriamente dito, centelha divina que brilha no imo de nosso ser, e que nos dá o profundo sentimento de nossa personalidade, que nos faz afirmar do fundo de nossa consciência: **EU SOU**. Uma vez desencarnados, conservaremos o perispírito que reveste o Espírito e é o instrumento de sua manifestação. E Paulo que compreendia muito bem o fenômeno da morte, nos versículos 54 e 55, capítulo 15, da mesma Epístola, exclama:

54 — E quando este corpo mortal se revestir da imortalidade, então se cumprirá a palavra que está escrita: "Tragada foi a morte na vitória".

55 — Onde está, ó morte, a tua vitória? Onde está, ó morte o teu aguilhão?

Mais uma vez repetimos: a morte não existe; é o simples ato de o Espírito desligar-se do corpo. Todavia, enquanto não alcançar a condição de Espíritos Puros, experimentaremos inúmeras vezes o fenômeno da morte; morreremos no mundo espiritual e renasceremos no mundo carnal; morreremos no mundo carnal e renasceremos no mundo espiritual; porque necessitamos de muitas e muitas reencarnações para que conquistemos o grau de Espíritos Puros; e quando atingirmos esse grau, estaremos revestidos da imortalidade, isto é, não mais necessitaremos da reencarnação; teremos vencido a morte. Essa compreensão do fenômeno da morte, Paulo a adquiriu através da mediunidade — sua e de seus colaboradores — que o punha em contato com os Espíritos, que o assistiam em sua obra evangélica.

22 — Felix porém, que sabia perfeitíssimamente as coisas deste caminho, os remeteu para outro tempo dizendo: Quando vier o tribuno Lísias, então vos ouvirei.

23 — E mandou a um centurião que o tivesse em custódia, mas sem tanto aperto e sem proibir que os seus o servissem.

Felix conhecia muito bem as intermináveis e estéreis discussões dos judeus, ao interpretarem a lei de Moisés. E para certificar-se dos fatos concretos que levaram Paulo à prisão, julgou de bom alvitre, antes de pronunciar-se, ouvir o depoimento do tribuno Lísias.

Paulo ficou preso em Cesaréia sob custódia, isto é, livre dentro do pretório, porém, com sentinela à vista; e podia receber seus amigos e colaboradores, o que foi altamente benéfico à causa do Evangelho. Paulo não ficou inativo; recebia os emissários dos núcleos distantes, solucionava-lhes os problemas, e enviava-lhes mensagens e epístolas, das quais nos restam algumas. Um de seus colaboradores constantes foi Lucas, "o muito amado Lucas", como Paulo o chamava (Col. 4-14), o qual tinha entrada livre no pretório. Lucas não perdeu a oportunidade incomparável, que se lhe deparava em Cesaréia, de colher informações de Filipe, que morava na cidade, e de outras pessoas que estiveram bem próximas de Jesus; com elas escreveu o Evangelho que traz o seu nome, e julga-se que também nesse tempo começou a compor o ""Atos dos Apóstolos"", terminando-o em Roma..

24 — E passados alguns dias, vindo Felix com sua mulher Drusila, que era judia, chamou a Paulo e o esteve ouvindo falar da fé que há em Jesus Cristo.

25 — Mas como Paulo lhe falou em tom de disputa da justiça e da castidade e do juízo futuro, Felix, todo atemorizado, lhe disse: Por ora basta, vai-te; e quando tiver vagar, eu te chamarei.

A fama de Paulo era imensa. Drusila, mulher de Felix e judia de origem, quis ouvi-lo; Paulo lhes expos o programa evangélico; ao falar-lhes da responsabilidade que pesa sobre os ombros de cada um e que seremos julgados segundo nossas próprias obras, Felix amedrontou-se; talvez pela primeira vez sua consciência lhe apontasse atos menos dignos; e em lugar de informar-se de como corrigi-los, achou mais fácil tapar os ouvidos e despedi-lo. O mesmo acontece em nossos dias em relação ao Espiritismo; ensinando que cada um é responsável pelos seus atos, pelos quais sua própria consciência o julgará; pregando o abandono dos maus hábitos e a total reforma íntima, muitos se afastam dele, como que atemorizados.

26 — Esperando também ao mesmo tempo que Paulo lhe desse algum dinheiro, por cuja causa mandando chamá-lo repetidas vezes, se entretinha com ele.

27 — Completos porém dois anos, teve Felix por sucessor a Porcio Festo. E querendo Felix ganhar a graça dos judeus, deixou Paulo na prisão.

Por aí vemos que Felix era um governador venal: se Paulo lhe desse dinheiro, ele o soltaria. Paulo, carater íntegro, recusou e preferiu permanecer preso, do que alcançar a liberdade por meios indignos. Os atos indignos que cometermos, mancham nossa consciência; e pela lei do choque de retorno, voltar-se-ão contra nós punitivamente.

Corria o ano 62 quando Porcio Festo substituiu Felix. O processo de Paulo jazia parado há dois anos; o novo governador revê-lo-ia com extrema imparcialidade.

CAPÍTULO XXV

Paulo comparece perante Festo e apela para Cesar

1 — Tendo pois chegado Festo à província, veio, passados três dias, de Cesaréia a Jerusalém.

2 — E os príncipes dos sacerdotes e os principais dos judeus, acudiram a ele contra Paulo e lhe rogavam,

3 — Pedindo favor contra ele, para que o mandasse vir a Jerusalém, armando-lhe insídias para o assassinarem no caminho.

Como era seu dever, tão logo tomou posse do cargo em Cesaréia, o governador Festo fez a visita protocolar a Jerusalém. O sinédrio aproveitou a oportunidade para reclamar o julgamento de Paulo em Jerusalém. O plano sinistro de o assassinarem ainda estava de pé.

4 — Mas Festo respondeu que Paulo estava em custódia em Cesaréia e que ele partiria para lá dentro de poucos dias.

5 — Por onde, os que dentre vós, disse ele, são os principais, vinde comigo, se algum crime há neste homem acusem-no.

Festo ainda não tivera tempo de examinar o processo de Paulo: por isso não podia atender ao pedido deles; contudo, convida-os a irem a Cesaréia, onde prosseguiria o julgamento.

6 — E havendo-se demorado entre eles não mais de oito ou dez dias, baixou a Cesaréia, e no dia seguinte assentou no tribunal e mandou trazer a Paulo;

7 — O qual, depois de ser ali trazido, o rodearam os judeus que tinham vindo de Jerusalém, acusando-o de muitos e graves delitos que não podiam provar.

Festo se demorou em Jerusalém cerca de dez dias e depois se instalou em Cesaréia; e não perdeu tempo; como chegassem também os representantes do sinédrio, reabriu o tribunal, ante o qual compareceram Paulo e seus acusadores. Ante Festo renovaram-se as acusações que já conhecemos.

8 — Dizendo Paulo em sua defesa: Em nada pois tenho pecado contra a lei dos judeus, nem contra o Templo, nem contra Cesar.

9 — Mas Festo, querendo comprazer com os judeus, respondendo a Paulo, disse: Queres subir a Jerusalém e ali ser julgado por estas coisas diante de mim?

Reafirma Paulo que não pecara contra a lei de Moisés; não a negou nunca; apenas demonstrara que as profecias se tinham cumprido na pessoa de Jesus; não desrespeitara o Templo, não desobedecera a nenhuma lei de Roma; era portanto inocente. Desejando Festo conquistar as boas graças dos judeus logo no início de seu governo, procura transferir o julgamento para Jerusalém; mas como Paulo era cidadão romano, somente com seu consentimento isso podia ser feito.

10 — E Paulo disse: Ante o tribunal de Cesar estou, onde convém que seja julgado; eu nenhum mal tenho feito aos judeus, como tu melhor o sabes.

11 — E se lhes tenho feito algum mal, ou coisa digna de morte, não recuso morrer; mas nada há daquilo de que estes me acusam, ninguém me pode entregar a eles; apelo para Cesar

12 — Então Festo, depois de haver conferido o negócio com o conselho respondeu: Para o Cesar tens apelado? ao Cesar irás

Paulo respondeu que já se achava ante um tribunal romano, pelo qual tinha o direito de ser julgado; tinha a consciência tranqüila; uma vez que as acusações de que era vítima, não foram provadas, o tribunal não o podia entregar ao sinédrio, em Jerusalém. E como cidadão romano, Paulo pronuncia a fórmula consagrada: Caesarem appello. Festo não esperava por isto mas, consultados seus assessores, respondeu de acordo com a lei: Caesarem appellasti? ad Caesarem ibis. (Apelo para Cesar. Para Cesar apelaste? a Cesar irás.) Estava aberto a Paulo o caminho para Roma, para onde desejava ardentemente ir; como o fizera em Jerusalém, daria lá também o testemunho de Jesus. Em qualquer parte do Império Romano, por mais longínqua que fôsse, que estivesse um cidadão romano, uma vez que apelasse para Cesar, tinha o direito de ser conduzido a Roma e por ele julgado. O apelo a Cesar, o imperador, colocava o apelante fora da jurisdição dos governadores provinciais.

13 — E alguns dias depois, o rei Agripa e Berenice vieram a Cesaréia a dar os emboras a Festo.

14 — E demorando-se ali muitos dias, Festo deu notícia de Paulo ao rei, dizendo: Felix deixou aqui preso um certo homem,

15 — Por cujo respeito, quando estive em Jerusalém, acudiram a mim os príncipes dos sacerdotes e os anciãos dos judeus, pedindo que o condenasse.

16 — Aos quais respondi que não era costume dos romanos condenar homem algum antes de o acusado ter presentes os seus acusadores, e antes de se lhe dar liberdade para se defender dos crimes que lhe imputam.

17 — Tendo eles pois acudido aqui sem a menor dilação, ao outro dia, assentando-me no meu tribunal, mandei trazer a este homem,

18 — A quem, estando presentes os seus acusadores, nenhum delito opuseram dos que eu suspeitava.

19 — Mas só contra ele algumas questões sobre a sua superstição e sobre um certo Jesus defunto, o qual Paulo afirmava viver.

20 — E duvidando eu de semelhante questão, lhe disse se queria ir a Jerusalém e ali ser julgado destas coisas.

21 — Mas apelando Paulo para que ficasse reservado ao conhecimento de Augusto, mandei que o guardassem até que eu o remeta ao Cesar.

Reorganizada como província romana no ano 44 pelo imperador Cláudio, a Judéia nunca mais teve um dirigente nacional; era governada por procuradores romanos, nomeados pelo imperador. Aqui se trata do rei Herodes Agripa II e sua irmã Berenice; conquanto exercesse grande influência, o território do qual se derivava o seu título de rei era Calcis, insignificante e longínquo, junto ao monte Líbano. Vieram a Cesaréia dar os emboras ao novo governador, ou seja, cumprimentá-lo e dar-lhes os parabens pela sua nomeação. Festo, sabendo que Agripa era versado nas coisas judaicas, conferencia com ele a respeito do prisioneiro Paulo, ali deixado por Felix

164

há dois anos. Segundo o costume romano, dera-lhe ampla liberdade para se defender de seus acusadores, os quais, comparecendo ao tribunal, não o acusaram de nenhum delito que merecesse condenação, segundo as leis de Roma; só disputavam acerca de Jesus, que o sinédrio tinha sacrificado e Paulo afirmava estar vivo. E como ele, Festo, duvidasse, perguntou-lhe se queria ser julgado em Jerusalém para aclararem a questão. Porém, o prisioneiro recusara o alvitre, apelando para Augusto — um dos títulos do imperador — e aguardava agora a oportunidade de remetê-lo a Roma.

Na verdade, Paulo estava certo: Jesus vivia, não em corpo de carne, e sim em seu estado de Espírito, como nós também viveremos depois de nosso desencarne.

Paulo perante o rei Agripa

22 — Então Agripa disse a Festo: Eu também queria ouvir este homem. Amanhã, respondeu ele, o ouvirás.

23 — Ao outro dia pois, tendo vindo Agripa e Berenice com grande pompa e depois de entrarem na audiência com os tribunos e pessoas principais da cidade, foi trazido Paulo por ordem que Festo dera.

A curiosidade em torno da pessoa de Paulo era grande; a história de sua conversão andava de boca em boca; suas lutas, sofrimentos, perseguições, açoites, prisões, eram conhecidas de todos. Ninguém queria perder a oportunidade de ver e ouvir o doutor da lei que, como diziam, enlouquecera no caminho de Damasco. As pessoas mais representativas da cidade, não só os judeus mas também os romanos, não faltaram à audiência. Esta não foi uma audiência oficial; uma vez que Paulo apelara para Cesar, desligara-se da jurisdição do governador; se quisesse poderia recusar a comparecer; porém, ele não perderia esta ocasião de dar testemunho de Jesus perante os poderosos; e obedeceu à ordem de Festo.

24 — E disse Festo: Rei Agripa e todos os varões que aqui estais conosco, aqui tendes este homem, contra quem toda a multidão dos judeus me fez recurso em Jerusalém, pedindo e gritando que não convinha que ele vivesse mais.

25 — E eu tenho achado que ele não tem feito coisa alguma digna de morte. Mas havendo ele mesmo apelado para Augusto, tenho determinado remeter-lho.

Festo examinara detidamente o processo que moviam contra Paulo; inteirara-se de que pediam sua condenação à morte; mas conforme as leis romanas, nada havia por que condená-lo, principalmente à morte; mas como ele apelara para Cesar, era seu dever enviar-lho.

26 — Do qual não tenho coisa certa para escrever ao senhor. Pelo que vô-lo tenho apresentado e maiormente a ti, ó rei Agripa, a fim de ter que escrever-lhe, depois de feita a informação.

27 — Porque me parece sem razão remeter um homem preso e não informar das acusações que lhe fazem.

Quando se enviava um prisioneiro a Roma para ser julgado por Cesar, acompanhava-o um relatório circunstanciado de tudo o que ocorrera e por quais motivos houve o apelo a Cesar. Festo estava embaraçado; não sabia como compor o relatório. Como justificar que um cidadão romano, estivesse preso há dois anos com o seu processo parado? E porque — para que seu processo andasse — teve de apelar ao imperador. Ora, o rei Agripa poderia ajudá-lo a elaborar o documento; essa uma das boas razões para fazê-lo ouvir Paulo.

CAPÍTULO XXVI

1 — E disse Agripa a Paulo: A ti se te permite falar em defesa de ti mesmo. Então Paulo, estendendo a mão, começou a dar razão de si.

2 — Devendo eu hoje fazer a minha defesa na tua presença, ó rei Agripa de tudo quanto me acusam os judeus, me tenho por ditoso,

3 — Maiormente sabendo tu todas as coisas e os costumes e questões que há entre os judeus; pelo que eu te suplico me ouças com paciência.

Todos acomodados, o rei Agripa deu a palavra a Paulo que, cumprimentando-o, diz-lhe da satisfação que tinha de falar em sua presença; porque falaria a quem estava bem a par dos usos e dos costumes dos judeus e das questões que se suscitavam entre eles; falaria, pois, a quem o compreenderia perfeitamente, se o ouvisse com paciência.

4 — E quanto à minha vida desde a mocidade, que eu observei desde aquele princípio entre a minha gente em Jerusalém, é certo que a sabem todos os judeus;

5 — Conhecendo-me desde os meus princípios (se quiserem dar disso testemunho), porque eu segundo a seita de nossa religião, vivi fariseu.

Apresenta-se Paulo ao rei Agripa, como fariseu em sua mocidade, tendo observado fielmente a lei de Moisés, o que mesmo seus acusadores poderiam testemunhar. Não era, por conseguinte, um qualquer, mas sim um conhecedor profundo da religião na qual fora criado.

> 6 — E agora sou acusado em juízo por esperar a promessa que foi feita por Deus a nossos pais;
>
> 7 — A qual as nossas doze tribos, servindo a Deus de noite e de dia, esperam ver cumprida. Por esta esperança, ó rei, sou acusado pelos judeus.

Politicamente a nação judaica se compunha de doze tribos, cada uma delas descendentes de um dos filhos de Jacó (Ex. 1-1, 5). A promessa feita era a vinda do Salvador, sempre anunciada pelos profetas, especialmente por Isaias. E Paulo declara que o acusavam por acreditar nessas profecias.

> 8 — Reputa-se no vosso conceito por alguma coisa incrível que Deus ressuscite os mortos?

Vimos que os fariseus acreditavam na ressurreição dos mortos. O que haveria então de mais que Paulo pregasse a ressurreição de Jesus. É a pergunta velada que ele faz a Agripa, que também era fariseu.

> 9 — E eu na verdade tinha para mim que devia fazer a maior resistência contra o nome de Jesus Nazareno;
>
> 10 — E assim o fiz em Jerusalém e eu encerrei em cárceres a muitos santos, havendo recebido poder dos príncipes dos sacerdotes; e quando os fazia morrer consenti também nisso.
>
> 11 — E muitas vezes, castigando-os por todas as sinagogas, os obrigava a blasfemar; e enfurecendo-me mais e mais contra eles, os perseguia até nas cidades estrangeiras.

Nestes versículos, Paulo descreve as perseguições que moveu contra o nome de Jesus e de seus adeptos, levando-os até a morte.

> 12 — Levado destes intentos, indo a Damasco, com poder e comissão dos príncipes dos sacerdotes,
>
> 13 — Ao meio-dia, vi ó rei, no caminho uma luz do céu, que excedia o resplendor do próprio sol, a qual me cercou a mim e aos que iam comigo;
>
> 14 — E como todos nós caíssemos por terra, ouvi uma voz que me dizia na língua hebráica: Saulo, Saulo, porque me persegues? Dura coisa te é recalcitrar contra o aguilhão.

15 — Então disse eu: Quem és tu, Senhor? E o Senhor me respondeu: Eu sou Jesus, a quem tu persegues.

16 — Mas levanta-te e põe-te em pé; porque eu por isso te apareci, para te fazer ministro e testemunha das coisas que viste e de outras que te hei de mostrar em minhas aparições;

17 — Livrando-te do povo e dos gentios aos quais eu agora te envio.

18 — A abrir-lhes os olhos, a fim de que se convertam das trevas à luz e do poder de Satanás a Deus; para que recebam perdão de seus pecados e sorte entre os santos, pela fé que há em mim.

19 — Pelo que, ó rei Agripa, não fui desobediente à visão celestial;

Sempre que oportuno, Paulo relata sua conversão na estrada de Damasco, vindo Jesus abrir-lhe os olhos para a luz, e traçar-lhe um plano de trabalho, ao qual ele obedeceu fielmente.

Satanás simboliza a legião dos Espíritos das trevas, inclinados ao mal; através das reencarnações aceitarão o Evangelho e sairão da ignorância e passarão a fazer parte do Espírito Santo, a legião esplendorosa do bem.

20 — Mas preguei primeiramente aos de Damasco e depois em Jerusalém e por toda a terra de Judéia e aos gentios, que fizessem penitência e se convertessem a Deus, fazendo dignas obras de penitência.

21 — Por esta causa os judeus, estando eu no Templo, depois de preso me intentaram matar.

22 — Mas assistido eu do socorro de Deus, permaneço até ao dia de hoje, dando testemunho disso a pequenos e a grandes, não dizendo outras coisas fora daquelas que disseram os profetas e Moisés que haviam de acontecer;

23 — Que o Cristo havia de padecer, que seria o primeiro da ressurreição dos mortos e para anunciar a luz ao povo e às gentes.

Iniciei minhas pregações, diz Paulo, por Damasco, passei depois a Jerusalém, preguei aos judeus e aos gentios, por toda a parte, e jamais disse coisas que contradissessem Moisés ou os profetas. Diante dos poderosos e dos pequeninos, meus ensinamentos foram sempre os mesmos. E o Senhor assistiu-me e socorreu-me em tudo.

24 — Dizendo ele estas coisas e dando razão de si. disse Festo em alta voz: Estás louco, Paulo; as muitas letras te tiram do teu sentido.

25 — Então Paulo disse: Eu não estou louco, ótimo Festo, mas digo palavras de verdade e de prudência;

26 — Porque destas coisas tem conhecimento o rei, em cuja presença falo com toda liberdade; pois creio que nada disso se lhe encobre, porque nenhuma destas coisas se fez ali a um canto.

27 — Crês, ó rei Agripa, nos profetas? Eu sei que crês.

28 — Então Agripa disse a Paulo: Por pouco não me persuades a fazer-me cristão.

29 — E Paulo lhe respondeu: Prouvera a Deus que por pouco e por muito, não somente tu, senão também todos quantos me ouvem se fizessem hoje tais qual eu também sou, menos estas prisões.

O discurso de Paulo, aqui reproduzido, deve ser uma pálida idéia do que realmente foi; tanto que Festo, de cultura romana, julgou que o muito estudar atrapalhara-lhe a mente. Paulo replica que falava a verdade, uma vez que o próprio rei Agripa sabia de tudo pois que os profetas não profetizaram às escondidas; e se ele assim falava com toda a liberdade era porque estava sendo ouvido por quem o compreendia; daí sua pergunta ao rei. O rei bem viu que, segundo as profecias, Paulo estava certo e brinca com ele, dizendo-lhe que, diante da lógica de sua exposição, quase vira um cristão; ao que Paulo responde no mesmo tom que oxalá todos se fizessem iguais a ele, isto é, cristãos, mas sem as correntes que o prendiam; porque Paulo, como prisioneiro, fôra levado acorrentado à audiência.

30 — Então se levantaram o rei e o presidente e Berenice e os que estavam assentados com eles,

31 — E, havendo-se retirado à parte, falaram uns com os outros, dizendo: Este homem pois não fez coisa que seja digna de morte ou de prisão.

32 — E Agripa disse para Festo: Ele podia ser solto, se não tivesse apelado para Cesar.

Terminada a audiência, conferenciaram entre si e concluiram que nada havia contra Paulo que merecesse condenação; e se não fosse o seu apelo a Cesar, poderia ser posto em liberdade.

CAPÍTULO XXVII

Paulo é mandado para a Itália; o naufrágio do navio.

1 — Mas como se determinou enviá-lo por mar à Itália, e que Paulo fosse entregue com outros presos a um centurião da côorte augusta, por nome Júlio.

2 — Embarcando num navio de Adrumete, levantamos âncora, começando a costear as terras da Ásia, perseverando em nossa companhia Aristarco, macedônio, de Tessalônica.

3 — Ao dia seguinte, porém, chegamos a Sidon. E Júlio, usando de humanidade com Paulo, lhe facultou vir ver seus amigos e prover-se do que havia de mister.

4 — E feitos dali à vela, fomos navegando abaixo de Chipre, por nos serem contrários os ventos,

5 — E tendo atravessado o mar da Cilícia e da Panfília, chegamos a Listra que é da Lícia;

6 — E achando ali o centurião um navio de Alexandria, que fazia viagem para a Itália, fez-nos embarcar nele.

7 — E como por muitos dias navegassemos lentamente e apenas pudessemos avistar a Gnido, sendo-nos contrário o vento, fomos costeando a ilha de Creta, junto à Salmona;

8 — E navegando com dificuldade ao longo da costa, abordamos a um lugar a que chamam os Bons Portos, com quem vizinhava a cidade de Talassa.

Era no fim do outono, às portas do inverno, quando Paulo embarcou para a Itália. Navegava-se de cabotagem, isto é, de porto a porto e sempre com terra à vista; não se aventuravam ao mar largo; ainda não havia a bússola; à noite se orientavam por algumas estrelas; os navios eram de madeira, pequenos, impelidos pelo vento, de um ou dois mastros, aos quais se suspendia uma vela quadrada; somente os navios de guerra tinham remadores, escravos e condenados às galés; não havia conforto a bordo; dava-se especial atenção à carga; no pouco espaço sobrante, amontoavam-se os passageiros como podiam, pois não havia beliches ou camarotes como nos transatlânticos de hoje. Num desses navios, que voltava ao seu porto de origem em Adrumete, na Misia, embarcaram Paulo com outros presos: Paulo para comparecer perante Cesar, e os outros para cumprirem as penas a que tinham sido condenados. O centurião Júlio comandava os soldados que conduziam os prisioneiros. Segundo o costume, os presos seguiam acorrentados dois a dois e ligados a outra corrente, que passava no meio deles. Paulo, dado sua qualidade de cidadão romano e a seu apelo a Cesar, seguia livre. Tomaram passagens a bordo para acompanhá-lo a Roma, os discípulos Lucas, Timóteo e Aristarco.

Os ventos contrários, anunciadores já de travessia perigosa, impedem que o navio navegue em linha reta de Cesaréia a um dos portos da ponta sudeste da Ásia Menor, donde, também em linha reta, em navio que para lá se dirigisse, alcançariam a Itália. Navegam para o norte, bordejando a Fenícia; chegam a Sidon, onde Paulo, com permissão de Júlio, desce em terra para se encontrar com amigos, os quais o provêem do que necessita para a travessia, pois partira de Cesaréia com a roupa do corpo apenas. Passam pelo mar da Cilícia e de Panfília, entre a ilha de Chipre e o continente e aportam a Mira, na Lícia. Ali o centurião baldeia-os em um navio que vem de Alexandria, no Egito, e vai à Itália. Os ventos continuam a não favorecer a navegação, que se faz lentamente; não perdem as costas de vista; atravessam entre a ilha de Gnido e a de Rodes, e costeiam a ilha de Creta, e tocam num lugar a que chamam Bons Portos, próximo à cidade de Talassa. Estamos agora em pleno mar Mediterrâneo e em Creta, uma das maiores ilhas gregas.

> 9 — E como se tivesse passado muito tempo e não fosse já segura a navegação, pelo motivo de haver até já passado o jejum, Paulo os alentava,
> 10 —Dizendo-lhes: Varões, vejo que a navegação começa a ser trabalhosa e com muito dano, não somente do navio e de sua carga, mas ainda de nossas vidas.
> 11 — Porém o centurião dava mais crédito ao mestre e ao piloto, do que ao que Paulo lhes dizia.
> 12 — E como o porto não era azado para invernar, foram os mais deles de parecer que se passasse adiante, a ver se de alguma sorte podiam, em ganhando Fenice, invernar ali, por ser este um porto de Creta, o qual olha o Áfrico e ao Côro.

Atinge-se o limite máximo além do qual as viagens marítimas deixam de ser seguras; é o sétimo mês do ano judaico, que corresponde ao nosso outubro; é o mês do grande jejum, o jejum do Perdão, instituído por Moisés: "O décimo dia deste sétimo mês será o soleníssimo das expiações e chamar-se-á santo e nele afligireis as vossas almas e oferecereis um holocausto ao Senhor. Não fareis obra servil alguma em todo este dia de propiciação, para que o Senhor vosso Deus vos seja propício". (Lev. 23, 27-28). A navegação se torna difícil, o mar encapela-se e com suas ondas varre o navio, estragando a carga e ameaçando a vida dos passageiros. Paulo adverte o centurião do perigo que correm se prosseguirem. E como Júlio consultasse o mestre e o piloto, acredita mais neles do que em Paulo. Na entrada do inverno, os navios se recolhiam ao porto mais próximo, onde invernavam, aguardando a primavera para de novo fazerem-se ao mar. Tentam ganhar o porto de Fenice o qual, conforme informações, oferece mais segurança para a invernagem, e estariam a favor de Áfrico e Côro, duas correntes de vento que sopram da África.

13 — Começando, porém, a ventar brandamente o sul, cuidando eles que tinham o que desejavam, depois de levantarem âncora em Asson, iam costeando Creta.

14 — Mas não muito depois veio contra a mesma ilha um tufão de vento que é chamado Euro-aquilão.

15 — E sendo a nau arrebatada e não podendo resistir ao vento, eramos levados, deixada a nau aos ventos.

16 — E arrojados da corrente a uma pequena ilha que se chama Clauda, apenas pudemos ganhar o esquife.

17 — Tendo-o trazido a nós, eles se valiam de todos os meios, cingindo a nau, temerosos de dar na Sirte, caladas as velas, eram assim levados.

18 — E agitados nós da força da tormenta, ao dia seguinte alijaram;

19 — E ao terceiro dia também arrojaram com suas mãos os aparelhos da nau.

20 — E não aparecendo por muitos dias sol nem estrelas, e ameaçando-nos uma não pequena tempestade, tinhamos já perdida toda a esperança de chegarmos a salvamento.

Para alivio e alegria de todos, começa a soprar um brando vento do sul; levantam âncora de Asson e seguem para Fenice, costeando a ilha; julgam-se já a salvo, quando subitamente são apanhados por um tufão, fenômeno comum no Mediterrâneo, a que os marinheiros chamam euroaquilão; perdem todo o controle do barco, que é batido pelo vendaval; são arrastados a uma minúscula ilha, Clauda, e mal têm tempo de salvar o escaler que se desprende das amarras; amainam as velas, cingem os costados do navio com cordas fortes, procurando evitar que ele se desconjunte e deixam-se levar; temem naufragar na Sirte, bancos de areia movediça nas costas da África. Recrudescendo a tempestade, jogam ao mar o que podem, e três dias depois também os móveis, os utensilios e tudo o mais que faça peso a bordo, para que o navio se torne mais leve e assim possa resistir melhor aos vagalhões. É tamanha a borrasca que nem mesmo o sol se vê; esvai-se toda esperança de salvamento.

21 — E havendo todos estado muito tempo sem comer, levantando-se então Paulo no meio deles, disse: Era por certo conveniente, ó varões, seguindo o meu conselho, não ter saido de Creta e evitar este perigo e dano;

22 — Mas agora vos admoesto que tenhais bom ânimo, porque não perecerá nenhum de vós, senão somente o navio.

23 — Porque esta noite me apareceu o anjo de Deus, de quem eu sou e a quem sirvo,

24 — Dizendo: Não temas, Paulo; importa que tu compareças ante o Cesar; e eu te anuncio que Deus te há dado todos os que navegam contigo.

25 — Pelo que, ó varões, tende bom ânimo; porque eu confio em Deus, que assim há de suceder como foi dito.

26 — Porém é necessário que vamos dar a uma ilha.

A esperança de salvamento está perdida para todos, menos para Paulo; não deve ele dar testemunho de Jesus perante Cesar? Então... o que temer?

Paulo lhes faz ver que melhor seria terem-no escutado em Creta; agora nada adianta reclamar ou lamentarem-se; que aceitem a situação com bom ânimo, tomem a alimentação, pois não comem há dias, e tenham fé em Deus. Durante a noite, conta-lhes, fora avisado de que só o navio se perderá; as vidas humanas, não; e darão a uma ilha.

O anjo de Deus do qual Paulo fala é um Espírito que se lhe fez visível para animá-lo e por seu meio, a todos. Essas aparições são comuns e pertencem aos fenômenos mediúnicos; o Espiritismo as explica racionalmente. (Vide "O Livro dos Médius — Allan Kardec — Capítulo VI — Manifestações Visuais.)

27 — E quando chegou a noite do dia catorze, indo nós navegando pelo mar Adriático, perto da meia-noite, suspeitaram os marinheiros que estavam perto de alguma terra.

28 — E lançando eles a sonda, acharam vinte passos; depois um pouco mais adiante, acharam quinze passos.

29 — E temendo que déssemos em alguns penedos, lançando quatro âncoras desde a popa, desejavam que viesse o dia.

30 — E procurando os marinheiros fugir do navio, depois de lançarem o esquife ao mar, com o pretexto de começaram a largar as âncoras da proa.

31 — Disse Paulo ao centurião e aos soldados: Se estes homens não permanecerem no navio, não podereis vós salvar-vos.

32 — Então cortaram os soldados os cabos do esquife e deixaram-no perder.

33 — E entretanto que o dia vinha, rogava Paulo a todos que comessem alguma coisa dizendo: Faz hoje já catorze dias que estais à espera em jejum sem comer bocado.

34 — Portanto rogo-vo, por vida vossa, que comais alguma coisa, porque não perecerá nem um só cabelo da cabeça de nenhum de vós.

35 — E tendo dito assim, tomando o pão, deu graças a Deus em presença de todos; e depois que o partiu começou a comer.

36 — E todos com isto tomaram ânimo e se puseram também a comer.

Navegam há catorze dias no meio da tormenta; estão agora em frente ao mar Adriático, que é um longo golfo do Mediterrâneo. Por volta da meia-noite parece-lhes avizinharem-se da terra; pela sonda, a pouca profundidade lhes confirma a suspeita; para que o navio não se parta de encontro a possíveis penedos, lançam quatro âncoras: duas à pôpa e duas à proa; e aguardam o amanhecer. Nesse meio de tempo, os marinheiros combinam entre si abandonar o barco; e enquanto descem as âncoras da proa, arreiam também o escaler para a fuga. Percebendo o plano deles, Paulo alerta o centurião, porque sem os marinheiros que manobrassem a nau, todos pereceriam. Sem hesitar, os soldados cortam os cabos do esquife, que se perde no mar.

Durante estes catorze trabalhosos dias, em que a morte os vigiava ininterruptamente, ninguém dormiu, nem comeu; estão exaustos, famintos, verdadeiros cadáveres ambulantes, mal se sustinham de pé. Raia o dia e Paulo os convoca e os exorta a que se alimentem; reanima-os e dando-lhes o exemplo toma do pão, parte-o, abençoa-o e come; e todos o imitam.

Quando a adversidade, por mais dura e dolorosa que seja, nos apanhar qual negra tempestade e fizer de nós o que a tormenta fez com Paulo, não percamos a fé no Altíssimo; um novo dia amanhecerá e a hora da bonança soará, muito mais depressa do que pensamos; tudo se resume em sabermos esperar confiantes.

37 — E as pessoas do navio eramos por todas duzenta e setenta e seis.

38 — E depois que se refizeram com a comida, aliviaram o navio, lançando o trigo ao mar.

39 — E como já tivesse aclarado o dia, não conheceram a terra; somente viram uma enseada que tinha ribeira, na qual intentavam, se pudessem, encalhar o navio.

40 — Pelo que, tendo levantado âncoras, se entregaram ao mar, largando ao mesmo tempo as amarras dos lemes; e levantada ao vento a cevadeira, encaminharam-se à praia.

41 — Mas tendo nós dado numa língua de terra, que de ambos os lados era torneada de mar, deram com o navio ao travez; e a proa, sem dúvida afincada, permanecia imóvel, ao mesmo tempo que a popa se abria com a força do mar.

Há duzentas e setenta e seis pessoas a bordo, número bastante elevado para os navios da época, além do carregamento de trigo, que se destinava ao abastecimento de Roma; têm diante de si uma terra desconhecida; vêem uma enseada na qual deságua um riacho; tentam encalhar o navio e para facilitar a manobra alijam o trigo ao mar; recolhem as âncoras e soltam os lemes — dois grandes e compridos remos amarrados à popa — içam à verga da proa uma pequena vela — a cevadeira — e se entregam ao mar e ao vento que assopra em direção à ilha. A manobra é infeliz; o navio se precipita para a praia, finca a proa na areia, volteia e jaz atravessado com o flanco exposto às ondas, que lhe arrombam o casco; naufragam.

42 — Nestes termos a resolução dos soldados era matar os presos, por temerem não fugisse algum, salvando-se a nado.

43 — Mas o centurião, querendo salvar a Paulo, embaraçou que o fizessem e mandou que aqueles que pudessem nadar fossem os primeiros que se lançassem às ondas, e se salvassem, e saíssem em terra;

44 — E quanto aos mais, a uns faziam salvar em tábuas, a outros em cima dos destroços que eram do navio. E deste modo aconteceu que todas as pessoas saíssem em terra.

Caso, por algum motivo, os soldados não conseguissem levar os presos ao seu destino, deveriam sacrificá-los, no que Júlio não consente, a fim de poupar Paulo; e manda que todos se salvem como puderem. Os passageiros fazem o mesmo e ou a nado ou agarrados aos destroços do navio, chegam em terra, não perecendo nenhum, como Paulo previra.

CAPÍTULO XXVIII

Paulo em Malta

1 — Estando nós já em salvo, soubemos então que a ilha se chamava Malta. E os bárbaros nos trataram não com pouca humanidade.

2 — Porquanto, acesa uma grande fogueira nos alentaram a todos contra a chuva que vinha e em razão do frio.

Malta é uma ilha situada no centro do Mediterrâneo, entre a Sicília e a África. Paulo naufragou em suas costas nos fins do ano

175

62, e salvou-se na baía que hoje tem o seu nome. A palavra "bárbaro" nada tinha de pejorativo; por ela, os gregos e os romanos designavam o estrangeiro; para eles os bárbaros eram os estrangeiros, os povos de outras terras, os que não participavam de suas civilizações. Chovia e fazia frio; muitos habitantes da ilha acorreram à praia a socorrer os náufragos e acenderam uma grande fogueira para confortá-los.

3 — Então, havendo Paulo ajuntado e posto sobre o lume um molho de vides, uma víbora que fugira do calor, lhe acometeu uma mão.

4 — Quando porém os bárbaros viram a bicha pendente de sua mão, diziam uns para os outros: Certamente este homem é algum matador, pois, tendo escapado do mar, a vingança o não deixa viver.

5 — Mas é certo que ele, sacudindo a bicha no fogo, não experimentou nenhum dano.

6 — Os tais porém julgavam que ele viesse a inchar e que subitamente caísse e morresse; mas depois de esperaram muito tempo e vendo que não lhe sucedia mal nenhum, mudando de parecer disseram que ele era um deus.

A cobra que picou a mão de Paulo, talvez não fosse venenosa; ele tinha por destino dar o testemunho de Jesus em Roma, perante Cesar, e nada o impediria de cumpri-lo. A princípio, os nativos julgaram que Paulo era um criminoso, perseguido pela vingança dos deuses, e que tendo escapado da fúria do mar, estava sendo punido em terra; vendo, contudo, que nada lhe sucedia, mudaram de pensar e o tomaram por um deus; era um povo que ainda seguia o paganismo.

7 — E naqueles lugares havia umas terras do príncipe da ilha, chamado Públio, o qual hospedando-nos em sua casa três dias, nos tratou bem.

8 — Sucedeu porém achar-se então doente de febre e de desinteria o pai de Públio. Foi Paulo vê-lo e como fizesse oração e lhe impusesse as mãos, sarou-o.

9 — Depois do qual milagre todos os que na ilha se achavam doentes vinham a ele e eram curados.

10 — Eles nos fizeram também grandes honras, e quando estavamos a ponto de navegar, nos proveram do que era necessário.

Malta pertencia aos romanos e Públio a governava; e como governador providenciou alojamento para Júlio, seus soldados e seus prisioneiros; os outros passageiros se acomodaram como puderam pelas casas da ilha.

Fiel ao seu programa de não perder nenhuma oportunidade de trabalhar para Jesus, Paulo instala um núcleo evangélico, no que é favorecido pela doença do pai de Públio, curado através do passe mediúnico; estendem-se então os benefícios do Evangelho e da mediunidade curadora aos necessitados da ilha; e o trabalho espiritual se desdobra ininterruptamente pelo tempo que ali permanecem. Merecem o respeito e a consideração de todos; e como tinham perdido tudo no naufrágio, quando partem, ganham o de que precisam para a viagem.

Paulo chega a Roma e fica prisioneiro em sua própria casa durante dois anos.

11— E ao cabo de três meses embarcamos num navio de Alexandria, que tinha invernado na ilha, o qual levava por insígnia Castor e Pólux.

12 — E arribados a Siracusa, ficamos ali três dias.

13 — De lá, correndo a costa, viemos a Régio; e um dia depois, ventando o sul, chegamos em dois a Puzolo.

14 — Onde, como achamos irmãos, eles nos rogaram que ficássemos na sua companhia sete dias; e passados eles, tomamos o caminho de Roma,

15 — De onde, porém, tendo os irmãos novas de que chegamos, sairam a receber-nos à praça de Ápio e às Três Vendas. Paulo, como os viu, dando graças a Deus, cobrou ânimo.

Findava a estação invernosa, entrava a primavera, e Paulo deixa Malta. Um navio de Alexandria, no Egito, com a insígnia de Castor e Pólux — deuses do paganismo — pintada na proa, e que ali invernara, zarpava de Malta para a Itália. Júlio contratou com o mestre o transporte dos prisioneiros; arribaram a Siracusa, na Sicília, e ali permaneceram três dias; bordejando sempre alcançaram Régio, cidade da Calábria; dois dias depois, com vento favorável, chegaram a Puzolo, pequenino porto na baía de Napoles, onde desembarcaram; daí por diante seguiriam por terra. Como havia uma comunidade cristã em Puzolo, com autorização de Júlio, demoraram-se ali sete dias, confraternizando com aqueles irmãos, ávidos de ver e ouvir Paulo, o apóstolo dos gentios. Para Paulo tal encontro foi de suma importância, porque ficou a par do estado do Cristianismo em Roma, onde já se desencadeara a perseguição aos cristãos. A notícia de sua chegada se tinha espalhado por todo o trajeto da Via Ápia, pela qual

177

chegaria a Roma; na praça de Apio, nas Três Vendas, onde quer que houvesse cristãos, acorriam a cumprimentá-lo, a abraçá-lo, o que muito o confortava.

> 16 — E chegados que fomos a Roma, deu-se licença a Paulo que ficasse onde quisesse, com um soldado que o guardasse.

Corria o ano de 63, há sete anos reinava Nero, quando Paulo entrou em Roma, capital do Império Romano. Era uma grande cidade de cerca de um milhão de habitantes; possuía belíssimos edifícios públicos, teatros com capacidade de 7.000 a 14.000 espectadores, casas de banhos, termas, circos, dos quais o mais antigo e o maior de todos era o Circo Máximo, comportando até 150.000 pessoas, o qual Paulo deve ter visto logo que entrou na cidade; anfiteatros para a exibição de gladiadores, e lutas com as feras. O maior dos anfiteatros, o Coliseu, construído por Vespasiano, cujas ruínas são hoje admiradas, só foi terminado no ano 80; comportava 87.000 assistentes, e nele se consumou o sacrifício de grande número de cristãos. O centro de Roma era o Forum — onde se desenvolvia a vida pública do romano — agora só ruínas de alto valor artístico e histórico, carinhosamente conservadas, onde se viam: templos, colunas, arcos comemorativos dos grandes nomes e acontecimentos, estátuas, palácios, o senado, edifícios sacros e civis, monumentos célebres trabalhados em fino mármore, em maravilhoso conjunto; no meio da ampla praça, erigida por Augusto, havia uma coluna dourada que marcava as distâncias dali às principais cidades do Império, entre elas Jerusalém. Conquanto adornada de quarenta e tantos parques em seu interior e arredores, Roma era uma cidade de ruas estreitas e tortuosas, com blocos de apartamentos de três a seis andares. Os alugueis dos apartamentos térreos eram caríssimos, e os únicos que tinham água e neles moravam as classes ricas; a classe pobre ocupava os últimos andares. Os desabamentos eram freqüentes, dado a precariedade destas construções; a higiene, quase nula. O problema do trânsito era tamanho que carretas e carroções, transportando mercadorias, só podiam entrar na cidade de noite, perturbando o sono dos romanos com o barulho que faziam. Ninguém se arriscava a sair à noite, a não ser acompanhado por uma guarda de escravos. Tal era a cidade que se deparava a Paulo, e na qual ele daria o supremo testemunho de Jesus.

Ao chegar, Júlio deu-se pressa em desincumbir-se de sua missão, entregando os prisioneiros às autoridades competentes. Paulo porém, em virtude de ser cidadão romano, enquanto aguardava o julgamento, obteve a "custódia libera", isto é o direito de permanecer em sua própria casa, custodiado por um soldado, o que lhe valia uma quase completa liberdade.

17 — Mas passados três dias, convocou Paulo os principais dos judeus. Havendo-se eles ajuntado, lhes disse: Eu, varões irmãos, sem cometer nada contra o povo, nem contra os costumes de nossos pais, havendo sido preso em Jerusalém, fui entregue nas mãos dos romanos;

18 — Os quais, tendo-me examinado, quiseram soltar-me, visto que não achavam em mim crime algum que merecesse morte.

19 — Mas opondo-se a isso os judeus, vi-me obrigado a apelar para o Cesar, sem intentar contudo acusar de alguma coisa os de minha nação.

20 — Por esta causa pois é que vos mandei chamar aqui, para vos ver e vos falar. Porquanto pela esperança de Israel é que estou preso com esta cadeia.

Paulo não perde tempo; tão logo se instala, convoca os representantes das sinagogas dos judeus e lhes explica a causa de sua prisão; não cometera crime algum contra o seu povo; não atentara contra os costumes de sua nação; e por seus próprios conterrâneos fora entregue aos romanos, os quais, examinando atentamente seu processo, nada acharam do que acusá-lo, pelo que o quiseram soltar. No entanto tinha sido obrigado a apelar para Cesar, uma vez que os judeus, o seu povo, queriam sua condenação, custasse o que custasse; mas não abriu a boca para incriminá-los de coisa alguma; e está preso pela esperança de Israel, o Salvador anunciado pelos profetas.

21 — Então lhes responderam: Nós nem temos recebido carta da Judéia, que fale em ti, nem de lá tem vindo irmão algum que nos dissesse, ou falasse algum mal da tua pessoa.

22 — Porém quiseramos que tu nos dissesses o que sentes, porque o que nós sabemos desta seita é que em toda a parte a impugnam.

23 — Tendo-lhe pois aprazado dia, vieram muitos vê-lo a seu hospício, aos quais ele tudo expunha dando testemunho do reino de Deus, e convencendo-os a respeito de Jesus, pela lei de Moisés e pelos profetas, de manhã até à tarde.

24 — E uns criam o que dizia, outros porém não criam.

Responderam-lhe que entre eles, em Roma, nada havia do que acusá-lo; nem mesmo de Jerusalém, do sinédrio, não tinham recebido carta contra ele, nem a seu favor. Mas queriam que ele os esclarecesse sobre esta nova seita, perseguida por toda a parte, o que era tudo o que sabiam dela.

De fato, o Cristianismo contava com três perseguidores implacáveis: o paganismo, que não tolerava que seus adeptos lhe abandonassem os altares; o judaismo que não reconhecia em Jesus o Salvador prometido; e o Império Romano, cuja economia se baseava na escravatura e na pilhagem, o qual se sentia ferido frontalmente pelo Evangelho.

Paulo lhes marcou uma reunião, a fim de lhes demonstrar o cumprimento das profecias em Jesus, segundo Moisés e os profetas. E como sempre acontecia quando Paulo pregava aos judeus, acenderam-se acaloradas discussões, que se prolongaram por todo o dia e uns aceitavam-lhe os ensinamentos e outros, não.

25 — E como não estivessem entre si concordes, estavam para se retirar, quando lhes disse Paulo esta palavra: Bem falou pois o Espírito Santo pelo profeta Isaias a nossos pais,

26 — Dizendo: Vai a esse povo e dize-lhe: De ouvido ouvireis e não entendereis; e vendo vereis e não percebereis.

27 — Porque o coração deste povo se endureceu, e dos ouvidos ouviram pesadamente e apertaram os seus olhos, para que não vejam com olhos, e ouçam com os ouvidos e entendam no coração, e se convertam e eu os sare.

28 — Seja-vos pois notório que aos gentios é enviada esta salvação de Deus e eles a ouvirão.

29 — E tendo acabado de dizer isto, saíram dali os judeus, tendo entre si grandes altercações.

Por fim, discutindo em altas vozes entre si, abandonam Paulo o qual, diante do comportamento deles, segue o exemplo de Jesus, citando-lhes as palavras do profeta Isaias.

Isaias é o primeiro dos chamados profetas maiores; exerceu o seu ministério mediúnico durante quarenta anos, de 740 a 701 A.C.; através de sua mediunidade foram ditadas impressionantes profecias a respeito de Jesus.

O orgulho, o preconceito, o comodismo, o interesse, erguiam uma barreira intransponível entre eles e o Evangelho, que Paulo pregava, fazendo com que o repudiassem; era como se não ouvissem, nem vissem a realidade desdobrada à sua frente. Grande parte do povo, as religiões organizadas e a ciência oficial se comportam do mesmo modo para com o Espiritismo; cegos e surdos não percebem a reviviscência do Cristianismo, nem o descerramento do véu que ocultava o mundo espiritual, que o Espiritismo está promovendo, nem os benefícios morais que espalha. De muitos o Espiritismo recebe a indiferença; das religiões organizadas, violentos ataques; e da ciência oficial, a negação. Todos vêem e todos ouvem, mas é como se não vissem nem ouvissem.

Realmente, os povos gentios, cansados e desiludidos de seus deuses materiais, suspiravam por uma religião pura, simples, por uma doutrina que os elevasse acima da materialidade terrena; Paulo, por experiência, bem sabia que constituíam um campo preparado para a grande semeadura do Evangelho.

> 30 — E dois anos inteiros permaneceu Paulo num aposento que alugara e recebia a todos os que o vinham ver.
>
> 31 — Pregando o reino de Deus e ensinando as coisas que são concernentes ao Senhor Jesus Cristo, com toda a liberdade, sem proibição.

Já com uma ponta de saudade, aqui nos despedimos de Paulo, cujos passos acompanhamos por cerca de trinta anos; foi no ano de 33 que ele, doutor da lei e membro influente do sinédrio, consentiu na morte de Estevão, e desencadeou a onda de perseguições contra o Cristianismo nascente. E agora no ano de 63 vemo-lo em Roma, prisioneiro com sentinela à vista, num quarto que alugara. Quão longo foi seu caminho para conquistar a humildade! Depois que rolou do alto do seu orgulho no pó da estrada de Damasco, e resolutamente buscou a humildade no Evangelho e no devotamento à causa de Jesus, quanta luta, quanto sofrimento! Ele mesmo nô-lo conta em sua II Epístola ao Coríntios, capítulo 11, versículos:

> 23 — ...em muitíssimos trabalhos, em cárceres muito mais, em açoites sem medida, em perigos de morte muitas vezes.
>
> 24 — Dos judeus recebi cinco quarentenas de açoites, menos um.
>
> 25 — Três vezes fui açoitado com varas, uma vez fui apedrejado, três vezes fiz naufrágio, uma noite e um dia estive no profundo do mar;
>
> 26 — Em jornadas muitas vezes eu me vi em perigos de rios, em perigos de ladrões, em perigo dos de minha nação, em

perigo dos gentios, em perigos no deserto, em perigos no mar, em perigos entre falsos irmãos;

27 — Em trabalho e fadiga, em muitas vigílias, com fome e sêde, em muitos jejuns, em frio e desnudez.

28 — Afora estes males, que são exteriores, me combatem as minhas ocorrências urgentes de cada dia...

Não desanima, contudo, de seu labor evangélico; e em Roma, aguardando o julgamento de Cesar, diante do qual dará testemunho de Jesus, não esmorece: prega o Evangelho sem receio algum a quantos o procuram. É de crer que, segundo o seu hábito de não depender de ninguém, trabalhe de tapeceiro para manter-se. E aqui o deixamos. Quanto ao destino que em seguida tomou, tudo são conjecturas: terá sido posto em liberdade, e viajado, revisitando suas amadas igrejas, ou se dirigido a outros povos? Ou terá sido sacrificado na grande perseguição aos cristãos movida por Nero, após o incêndio de Roma, no ano de 64? Historicamente, apoiados em documentos, nada podemos afirmar. Não importa. Ficou-nos dele o caminho da humildade, que trilhou intemeratamente; legou-nos esse roteiro para que por ele nos guiemos em nossa conquista da humildade; porque nós, um dia, cairemos do alto do nosso orgulho; teremos também a nossa estrada de Damasco. E depois de ter percorrido o nosso caminho da humildade, oxalá possamos exclamar como Paulo:

"Combati o bom combate, acabei a carreira, guardei a fé."
(II a Timoteu, 4-7)

Leia também

O EVANGELHO DOS HUMILDES

Eliseu Rigonatti

Este livro tem origem na fonte inexaurível do Evangelho, e o seu mérito está em ter reunido todos os ensinamentos do Espiritismo até o dia de hoje, e com eles comentar, analisar, explicar, pôr ao alcance dos leitores cada um dos versículos do Evangelho Segundo S. Mateus. E quem diz Evangelho lembra a palavra de Jesus, a qual, nas palavras deste livro, "não envelhecerá; só ela não passará. Rocha inamovível dos séculos, cada geração descobre na palavra de Jesus uma faceta sempre mais brilhante que a anterior, que reflete mais luz, que mais ilumina os viajores que demandam a pátria celeste por entre os caminhos da Terra".

O EVANGELHO DOS HUMILDES foi redigido em linguagem cristalina e que tem o dom da penetração. Eliseu Rigonatti, autor de obras úteis e bem fundamentadas sobre a doutrina espírita, dedicou o volume "aos mansos, porque meu Mestre os chamou bem-aventurados. Almas ternas que repelis a violência, e sabeis usar a força do Amor, este livro vos anuncia o novo mundo que ides possuir!"

EDITORA PENSAMENTO

O EVANGELHO DA MENINADA

Eliseu Rigonatti

Autor de várias obras de doutrinação espírita — como *O Evangelho dos Humildes, A Mediunidade sem Lágrimas, O Evangelho das Recordações* —, Eliseu Rigonatti volta-se neste livro para o público infanto-juvenil e, lembrando-se do tempo em que, à tarde, na cidadezinha em que nasceu, reunia-se com seus colegas para ouvir de um contador de casos os mais fantásticos enredos, reúne aqui a meninada em férias, ao redor de uma professorinha, dotada do raro dom de saber contar histórias, para narrar-lhes a vida de Jesus.

A narrativa do Evangelho recebe assim a participação ativa de um auditório interessado que, interrogando a professora sempre que algum detalhe não lhe pareça perfeitamente compreensível, forma um diálogo paralelo, quase sempre comparando as situações vividas por Cristo, na Palestina, há 2 000 anos, com o dia-a-dia de uma criança brasileira de nossos tempos. E, junto com a história, vêm as lições de vida e o simpático incentivo para reviver na prática os ensinamentos de Cristo, sempre atuais, em sua divina e eterna sabedoria.

Para o bom êxito deste livro junto ao público a que se destina, não basta, porém, o fato a que se refere Thomas Jefferson na conhecida frase: *"As doutrinas que fluem dos lábios de Jesus estão ao alcance da compreensão de qualquer criança."* É ainda absolutamente necessário que o narrador tenha o dom de recriar as situações, de dar vida aos personagens, de encadear com interesse as falas, qualidades que — felizmente para o leitor — constituem algumas das características do estilo de Eliseu Rigonatti.

EDITORA PENSAMENTO